초등
독서수업
끝판왕

1학년

초등독서수업 끝판왕 1학년

초판 1쇄 발행 2021년 6월 30일
초판 2쇄 발행 2021년 12월 10일

지은이 | 안진수, 김도윤

발행인 | 최윤서
편집장 | 허병민
디자인 | 김수경
마케팅 | 최수정
펴낸 곳 | 교육과실천
도서문의 | 02-2264-7775
인쇄 | 031-945-6554 두성 P&L
일원화 구입처 | 031-407-6368 ㈜태양서적
등록 | 2018년 4월 2일 제2018-000040호
주소 | 서울특별시 중구 창경궁로 18-1 동림비즈센터 505호
ISBN 979-11-90113-12-0 (14370)
ISBN 979-11-90113-11-3 (SET)

값은 표지에 있습니다.
저작권법에 따라 한국 내에서 보호를 받는 저작물이므로 무단 전재 및 복제를 금합니다.

초등 독서수업 끝판왕

1학년

안진수, 김도윤 지음

시작하며

학습의 기초 체력, 독서!

학생들에게 독서 능력은 변화하는 세계에 잘 적응하고 대처할 수 있는 기초 체력이라 할 수 있습니다.

말은 우리 유전자 속에 프로그래밍 된 타고난 능력으로 우리 뇌에는 말을 관장하는 전문 영역인 베르니케 영역(Wernicke's area)과 브로카 영역(Broca's area)이 있어 자연스럽게 배울 수 있습니다. 반면 글 읽기는 타고난 능력이 아닙니다. 글은 인위적으로 배워야만 익힐 수 있습니다. 강원대학교 명예 교수인 한상무 교수는 "읽기를 처음 배우는 아이들에게 독서는 그들의 삶에서 매우 중요하고 획기적인 사건이며 아이가 문해력을 습득해서 독서 하는 능력을 갖추기 시작하면 그의 뇌는 문자 그대로 변화를 겪는다"고 했습니다.

글을 읽으면 우리 뇌의 후두엽, 두정엽, 측두엽, 변연계가 활성화되면서 상호 협력하고 보완하기 시작합니다. 후두엽은 눈으로 받아들인 정보와 상상력을 활성화시키고 두정엽은 문자를 단어로, 단어를 사고로 전환하고 쓰기 기능을 증가시키며 독해를 돕습니다. 측두엽은 시각 정보를 재빨리 표음 해독하며 이렇게 해독된 단어에 대한 감정을 변연계가 활성화시킵니다. 예를 들어 '개가 짖는다'라는 글을 읽게 되면 실제와 연결하여 '무섭다', '두렵다' 등의 감정을 갖게 합니다. 즉 문장 하나를 해석하려면 뇌의 거의 모든 부분이 총동원된다는 의미라고 할 수 있습니다.

일본 도호쿠대학 의학부 가와시마 류타 교수는 아이에게 책 읽기, 만화책 보기, 게임 하기 등 몇 가지 과제를 주고 자기 공명 영상을 이용해 뇌 활동을 촬영했고 그 결과는 놀라웠습니다. 게임을 할 때 뇌는 거의 활성화되지 않았고, 만화책을 볼 때도 뇌의 일부분만 활성화되었습니다. 그러나 책을 읽자 아이의 뇌는 광범위하게 활성화되었고 특히 주의력, 창조력, 이해력, 의사소통 등과 관련이 깊은 것으로 알려진 전두엽 부위가 크게 활성화되는 것이 확인되었습니다.

"이해가 되지 않아요."

"무슨 말인지 잘 모르겠어요."

학교 현장에서 아이들을 가르칠 때, 다 같이 책을 읽을 때 가장 많이 듣는 말입니다. 어려운 용어로 되어 있지 않은 기본적인 내용의 책인데도 대부분의 학생은 책의 내용을 이해하는 것을 어려워합니다. 문장을 하나하나 다 설명하고 나서야 책의 내용이 이해가 되고 문제를 해결할 수 있다고 말합니다. 반면에 몇몇 아이는 책의 내용을 쉽게 이해하고 자신에게 필요한 정보를 찾아내는 능력이 뛰어납니다. 그런 아이들은 책을 좋아하고 천천히 꼼꼼하게 책을 읽는다는 공통점이 있습니다.

플로리다 주립 대학교 교육연구소장 바바라 푸먼 박사(Barbara Foorman, Ph.D.)에 따르면, 초등학교 초기에 읽기 능력이 뒤처진 아이가 1학년 끝날 때까지 읽기 능력이 뒤처질 확률은 88%이며, 초등학교 3학년 때 읽기 능력이 뒤처진 아이가 중학교 3학년까지 뒤처질 확률은 74%라고 합니다. 한번 벌어진 읽기 능력 격차는 좀처럼 따라잡기 어렵다는 뜻입니다. 읽기 능력에 문제가 있으면 글을 매끄럽게 읽지 못하고 읽은 내용이 무엇이었는지 기억하거나 일이 일어난 순서대로 내용을 추리하는 것 모두 어려워합니다.

처음 독서를 시작할 때는 뇌 전체가 활발하게 활동하면서 한 페이지를 이해하는 데 뇌를 풀가동해야 하므로 쉽게 피곤해져서 많은 양의 독서를 하기 어렵습니다. 반면에 독서에 익숙해지면 뇌의 활성화 효율이 높아지면서 뇌의 읽기 능력은 거의 자동화되고 처리 시간을 단축하여 빠른 시간 안에 인지, 언어, 감정 모두가 융합하면서 수십억 개 뉴런이 한 번에 움직입니다. 따라서 뇌의 효율적인 사용으로 책의 내용을 쉽게 이해할 수 있으며 많은 양의 독서를 할 수 있습니다.

읽기 능력을 발전시키려면 독서에 투자하는 시간을 늘려야 합니다. 미국 통계에 따르면 상위권의 학생들이 독서에 투자하는 시간은 하위권의 학생들보다 약 144배 높다고 합니다. 독서에 투자하는 시간이 많은 이유가 무엇일까요? 독서 능력을 높여 숙련된 독서가가 되기 위해서입니다. 책 속에 담겨 있는 다양한 지식, 사상 또는 필자의 경험을 해독하려면 우리 뇌의 거의 모든 부분이 활성화되어야 합니다. 숙련된 독서가는 책의 내용을 분석, 비판, 종합, 추론하는 사고 과정이 능숙하게 통합되어 자신의 지식으로 만들어 축적할 수 있습니다. 그런 과정이 익숙해지다 보면 자연스럽게 어휘력, 문해력, 이해력, 배경 지식 등 자기 계발에 필요한 다양한 정보를 쉽고 빠르게 나의 것으로 만들 수 있게 됩니다.

다시 말해서 독서는 뇌의 전반적인 활성화를 통해 생각하는 힘을 키울 수 있고, 생각하는 힘을 통해 지식의 습득 능력, 문제 해결력, 의사소통 능력, 창의력 등을 높일 수 있습니다.

한 학기 한 권 읽기

'한 학기 한 권 읽기' 독서 단원이 2015 개정 교육과정 국어 교과서에 도입되었습니다. 학생들이 독서 습관과 태도를 형성하고 나아가 평생 독자로 성장하도록 하는 데 목적이 있습니다. 독서를 통해 미래 사회가 요구하는 핵심 역량 함양을 기반으로 바른 인성을 갖춘 창의 융합형 인재 양성을 추구하고 있습니다.

2015년에 문화체육관광부에서 조사한 독서 실태 조사 결과에 따르면, 성인의 23.2%가 독서하기 어려운 이유로 '습관'을 꼽았습니다. 책이 중요하고 책을 읽어야 하는 것은 알고 있지만, 책을 읽는 습관이 잘 잡히지 않아서 책을 읽기 힘들다는 것입니다. 어릴 때 독서 습관을 바로잡지 않으면 성인이 돼서도 책 읽기는 어렵습니다.

독서 습관은 어릴 때부터 길러주는 것이 좋습니다. '한 학기 한 권 읽기'의 독서 단원이 국어 교과서에 들어온 것은 매우 환영할 일입니다.

인지신경과학과 아동발달을 연구한 메리언 울프는 독서는 부모로부터 유전자를 통해 물려받은 타고난 능력이 아니며, 인간의 뇌가 경험에 따라 형태를 바꿀 수 있는 '가소성'이 있기 때문에 계속 성장할 수 있는 능력이라고 합니다. 즉 독서 단원을 통해 우리 아이들이 책 읽기를 배우고 즐겁고 의미 있게 읽는 경험을 하면 스스로 독서 습관을 기르는 데 도움이 됩니다. 책을 읽으면서 자연스럽게 읽기 전략을 익히고 생각하는 힘을 기르며 사회·문화적 의미를 구성하는 의사소통과 공감 능력을 키울 수 있습니다. 그러한 역량을 키우기 위해 독서 단원을 운영하는 교사의 역할이 중요합니다. 그러나 학습 지도, 생활 지도, 전 과목 교재 연구, 가르치는 일 이외의 업무 과중 등으로 인해 독서 습관을 기르기에만 많은 시간을 할애할 수 없는 것이 현실입니다. 아이들이 책과 즐겁게 놀며 독서의 즐거움을 깨닫게 해주기 위한 다양한 활동과 글을 읽고 원하는 정보를 찾아내는 문해력을 키울 수 있는 토론, 토의를 통해 올바른 독서 습관이 정착될 수 있도록 독서 교육 활동을 계획하는 데 조금이라도 보탬이 되기 위해 이 책을 기획·출간하게 되었습니다.

학년 특성에 맞게

학년별 아이들의 특성에 맞게 구성하였습니다. 초등학교 저학년(1, 2학년) 시기는 인지 발달 면에서 구체적 조작기(7~11세)로의 이행기에 해당되며, 전 조작기를 이제 막 벗어난 단계입니다.

초등학교 1, 2학년은 규칙의 내면화가 시작되는 시기로 아이들이 사회적인 규칙(학교 규칙)에 잘 적응할 수 있도록 도와주어야 합니다. 또한 지금까지 '나'를 중심으로 세상을 살던 아이들이 비로써 사회라는 '꽉 짜인 틀'을 경험하는 시기이기도 합니다. 그전까지는 자기식으로 세상을 해석하며 살다가 초등학교 1학년이 되면서부터는 객관적인 것의 중요성을 알게 되고, 그것을 스스로 인정하고 받아들이기 시작하는 것입니다. 그래서 학교에 가고, 공부를 할 수 있게 됩니다. 이렇게 사회의 일정한 틀 안에 들어가는 과정을 '규칙의 내면화'라고 하는데, 초등학교 1학년은 규칙의 내면화가 시작되는 단계이며 초등학교 2학년은 내면화된 규칙을 지키는 것에 재미를 느끼며 스스로 규칙을 지키기 위해 노력하는 단계입니다. 하지만 여전히 자기중심적으로 행동하기 쉬운 시기이므로 남에게 피해를 주는 행동을 하지 않도록 연습이 필요합니다.

호기심이 많아 질문이 왕성하며 부분에 대한 이해는 가능하나 전체는 의식하지 못하는 시기입니다. 이 시기에는 낱말의 의미에 관심을 보이기 시작하며 상상력과 창조적 표현 능력이 발달하여 자기 나름대로 표현하려고 하지만 모방이 많습니다. 시간관념이 막연하고 현재 중심적이며 자기중심적·감각적으로 사고합니다. 읽기 발달 면에서 낱말의 의미에 관심을 가지고 낱말과 문장을 소리 내어 읽기 시작합니다. 의미가 잘 들어날 수 있도록 글을 알맞게 띄어 읽으며 짧은 글을 읽고 대강의 내용을 이해합니다. 글의 내용과 자신의 경험을 연결하여 이해하려고 하며 읽기에 흥미를 보이기 시작합니다. 문장과 글을 알맞게 띄어 읽으며 글을 읽고 난 후의 주요 내용을 파악할 수 있습니다. 1, 2학년 읽기에서 가장 중요한 것은 읽기에 흥미를 가지고 책을 즐겨 읽는 태도를 지니게 하는 데 있습니다.

1, 2학년의 독서 활동은 읽기에 흥미를 가지고 즐거움으로 책에 다가가기 위한 다양한 요소와 독서 습관 형성을 위해 다양한 생각 열기, 책과 즐겁게 놀기, 질문으로 대화하며 책 속의 내용 이해하기 등으로 비교적 쉽고 재미있는 활동에서 시작하여 토의·토론을 통해 나와 친구의 다름을 이해하고 자기중심적·개인적 사고에서 벗어나 타인의 입장에서 생각하기, 다각적으로 사고하기 등 고차적인 능력을 키울 수 있게 구성하였습니다.

아이들은 생각 열기 활동을 통해 책과 만나며 생각 주머니를 유연하게 하는 경험으로 독서 활동을 즐겁게 시작합니다. 예를 들어 노래 부르기, 나만의 책 만들기, 숨은그림찾기, 생각 그물, 낱말 찾기 놀이 등 그 시기에 적합한 활동으로 구성하여 아이들이 자연스럽게 독서의 즐거움과 표현의 즐거움으로 책을 만나게 됩니다. 질문 만들기를 통해 왕성한 호기심을 해결하고, 친구와의 대화를 통해 나의 질문과 생각을 다듬고 좀 더 논리적으로 구성할 수 있으며 서로의 의견 차이를 인정하며 다양한 생각을 이해하게 됩니다. 질문으로 시작된 대화는 토의·토론을 거치면서 의견을 나누고 조율하는 의사소통 과정에서 바른 자세로 듣고 말하는 능력과 자신의 생각을 문장으로 표현하는 능력이 성장합니다. 이런 활동들을 통해 읽기에 흥미를 가지고 책을 즐겨 읽는 태도를 지닐 수 있습니다.

책을 읽은 후 아이들과 바로 활동할 수 있도록 제시된 활동 워크북은 다양한 독서 활동의 단계별 성장 과정에 따른 접근이라는 학문적 성장을 위한 인지적 측면과 더불어 격려와 자기 생각 나아가 친구의 생각을 통해 다름을 인지하며 인성적으로도 성장할 수 있는 인성적 측면이 함께 조화롭게 성장할 수 있도록 구성되었습니다.

다양한 독서 활동

독서 활동을 즐겁게 하기 위해서는 첫째, 학생들의 수준에 맞는 활동을 선택하는 것이 중요합니다. 책의 내용과 관련이 있고 생각을 유연하게 할 수 있는 다양한 활동을 넣어 책을 읽는 재미를 알아 가는 것이 좋습니다. 서로의 아이디어도 공유하고 대화도 많이 하면서 활동에 즐겁게 참여하도록 독려하는 과정 속에서 아이들은 자신도 모르게 다양한 책의 세계로 관심 분야를 확장해나갈 수 있습니다. 이 책에서는 노래 부르기, 숨은그림찾기, 낱말 찾기 놀이, 생각 그물 등 책의 내용과 관련된 생각 열기 활동으로 학생들이 좋아하는 책에 흥미를 갖도록 구성하였습니다.

둘째, 충분한 시간과 깊이 생각할 수 있도록 도와주는 질문이 중요합니다. 많은 책을 읽는 것보다 한 권을 읽더라도 천천히 깊이 생각하며 읽으면 책 읽기가 즐거워집니다. 아이와 다양한 질문 만들기를 통해 대화하고 이야기를 나누다 보면 어느새 책에 대해 더 깊고 다양한 생각을 하는 아이의 모습을 볼 수 있습니다. 질문은 아이에게 깊고 다양한 사고를 할 수 있도록 도와주는 좋은 방법입니다.

책의 내용을 이해하는지에 대한 사실 질문, 다양하고 창의적인 생각을 할 수 있도록 도와주는 상상 질문, 책의 내용을 나에게 적용하며 실제 상황에서 책의 내용을 깊이 있게 생각할 수 있도록 도와주는 적용 질문 등으로 책의 내용을 다양한 관점에서 보고 이해할 수 있습니다. 질문을 통해 이해한 내용을 학생들이 스스로 의미를 파악하고 재구성하다 보면 보다 깊이 있는 독서 활동을 할 수 있습니다. 이 책에서는 사실 질문, 상상 질문, 적용 질문 등 질문 방법을 제시합니다.

셋째, 토의·토론으로 함께 읽는 즐거움을 알아가는 것이 중요합니다. 어떤 주제나 문제에 대해 여러 사람이 의견을 나누는 토론과 토의 활동을 통해 협동적인 판단과 다양한 생각을 접할 기회가 생깁니다. 서로 의견을 나누고 조율하는 과정을 통해 의사소통 능력의 성장과 더불어 생각의 다양성을 공유하고 그 과정에서 새로운 아이디어가 발산되는 지식 확장의 즐거움을 경험하게 됩니다.

토의(discussion)는 어떤 주제에 대해서 여러 사람이 정보와 의견을 교환하여 학습하거나 문제를 해결하려는 활동이고, 토론(debate)은 어떤 주제에 대해 서로 다른 주장을 하는 사람들이 논증과 실증을 통해 규칙에 따라 자기주장을 정당화하여 다른 사람을 설득하는 것입니다. 그러나 다른 견해에 따르면 토론을 좀 더 넓은 의미로 생각하여 토의와 토론 모두를 포함하는 개념으로 사용하기도 합니다.

이 책에서는 독서 토론을 넓은 의미의 토론으로 토의와 토론 모두를 포함한 개념으로 사용하고자 합니다. 이 책에서 말하는 토론은 어떤 주제나 문제에 대해 학생들이 의견을 나누며 일정한 판단이나 문제를 해결하는 것입니다. 학교에서 독서 토론으로 토의와 토론을 구분 지어 활동하기에는 개념이 모호한 경우가 많기 때문에 좀 더 포괄적인 의미로 사용하는 것이 필요합니다.

토의·토론을 통해 서로 협동하고 배려하며 비판적이고 창의적인 사고력이 자연스럽고 균형 있게 성장할 수 있으며, 나의 생각 정리와 발표를 통해 주체성과 능동적인 자아 정체성을 키울 수 있습니다. 더 나아가 의사소통 능력이 커지면서 독서 토론의 즐거움을 알아 갈 수 있습니다. 주제에 대해 넓게 이해하는 다차원적 사고력과 합리적 판단력이 높아지며 좀 더 사고의 균형을 갖게 됩니다.

이 책에서는 모둠 문장 만들기 토론, 4단 논법 토론, PMI 토론, 문제 해결 방법 찾기, 6색 생각 사고 모자 토의, 브레인 라이팅, 프로콘 토의·토론, 창문 열기 토론, 생각 그물, 5Whys 등 책의 내용과 어울리는 다양한 토의·토론을 소개합니다.

1 팥죽 할머니와 호랑이 • 014
   조대인 글, 최숙희 그림, 보림
   제6회 어린이 문화대상 본상

2 알사탕 • 036
   백희나 글·그림, 책읽는곰
   2017 올해의 책 | 세종도서 선정 우수도서 | 행복한 아침도서 추천도서

3 깜박깜박 도깨비 • 060
   권문희 글·그림, 사계절
   어린이도서연구회 권장도서 | 학교도서관사서협의회 추천도서

4 이상한 엄마 • 080
   백희나 글·그림, 책읽는곰
   어린이도서연구회 권장도서 | 어린이도서연구회 선정 어린이, 청소년 추천도서

5 붉은 여우 아저씨 • 102
   송정화 글, 민사욱 그림, 시공주니어
   초등학교 1학년 교과서 수록도서 | 책둥이 추천도서

6 책이 꼼지락꼼지락 • 118
   김성범 글, 이경국 그림, 미래아이
   초등학교 1학년 교과서 수록도서 | 매일경제신문 추천

7 콩 한 알과 송아지 • 138

한해숙 글, 김주경 그림, 애플트리테일즈

초등학교 1학년 교과서 수록도서 | 학교도서관사서협의회 추천도서

8 괴물이 나타났다 • 154

다니엘 포세트 글, 에르베 르 고프 그림, 비룡소

뤼에이 말메종 일러스트레이션 상과 브리브라가이야르드 어린이 책 상을 받은 에르베 르 고프 작품

9 엠마가 학교에 갔어요 • 166

수지 모건스턴 글, 세브린 코르디에 그림, 비룡소

톰텐 상, 크로너스 상, 밀드레드 L. 배첼더 상을 수상한 수지 모건스턴의 시리즈

10 할머니, 어디 가요? 쑥 뜯으러 간다! • 180

조혜란 글 · 그림, 보리

어린이도서연구회 권장도서 | 어린이도서연구회 선정 어린이, 청소년 추천도서

11 내 배가 하얀 이유 • 198

구마다 이사무 글 · 그림, 문학동네

초등 사서 교사 추천도서

12 노란 양동이 • 212

모리야마 미야코 지음, 쓰치다 요시하루 그림, 현암사

어린이도서연구회 권장도서 | 어린이도서연구회 선정 어린이, 청소년 추천도서

팥죽 할머니와 호랑이

조대인 글, 최숙희 그림, 보림

🏅 제6회 어린이 문화대상 본상

『팥죽 할머니와 호랑이』는 호랑이와의 팥밭매기 내기에서 진 할머니가 만들어 논 팥죽을 먹은 밤톨, 송곳, 멍석, 절구, 개똥, 자라가 할머니를 잡아먹으러 내려오는 호랑이를 혼내주고 한강에 빠뜨려 할머니를 구해준다는 이야기입니다. 어려움 속에서도 밤톨과 송곳, 멍석, 절구, 자라, 개똥이에게 팥죽을 준 할머니의 착한 마음이 결국에는 할머니를 구해준다는 인과응보의 내용입니다.

이 책을 통해 발달 단계상 옳고 그름과 선과 악에 대해 알아가는 1학년 아이들이 다양한 질문을 통해 서로의 이야기를 나누며 자연스럽게 도덕적 의미를 발견할 수 있기를 바라는 마음입니다.

독서 활동 만나보기

- 자기소개하기
- 함께 공부하기 위한 약속 정하기
- 질문 방법 공부하기
- 한글과 놀기
- 꼬부랑 할머니 노래 부르기
- 호랑이 생각 그물
- 옛날 물건의 쓰임새
- 기억에 남는 장면 말하기

자기소개하기

제시어 없이 그냥 자기소개를 해 보라고 하면 대부분의 아이는 어떻게 자신을 소개해야 하는지 몰라 당황하게 됩니다. 좋아하는 놀이나 장난감, 좋아하는 음식, 좋아하는 가족이나 친구 등의 주제를 제시해 주면서 자기 자신을 소개해 볼 수 있도록 합니다. 선생님이 먼저 좋아하는 음식이나 놀이, 취미 등으로 자기소개를 하면 아이들이 자기를 소개하는 데 훨씬 쉽게 다가갈 수 있습니다.

예시) 안녕! 만두를 세상에서 제일 좋아하는 김미소 선생님이야. 선생님은 만두 먹을 때가 제일 행복해. 만두를 딱 씹었을 때 고기와 당면, 채소들이 씹히는 맛이 너무 좋아. 그래서 선생님은 찐만두, 만둣국, 튀김만두 등 만두가 들어가는 음식은 다 좋아해.

함께 공부하기 위한 약속 정하기

약속을 정한다는 것은 수업을 하는 과정에 있어 나 혼자 즐겁고 재미있는 것이 아니라 우리 반 모두가 함께 즐거운 배움을 유지하는 것이 중요하다는 것을 의미합니다. 어떻게 해야 독서 토론 수업을 모두가 즐겁게 할 수 있을지 짝과 마주 이야기로 의견을 나눈 후 반 전체가 공유하거나 모둠별로 이야기를 나눈 후 공유할 수 있습니다.

아직 모둠별로 의견을 나누는 것이 어려운 1학년의 경우에는 각자 손을 들어 자신이 생각하는 토론 규칙을 발표합니다. 선생님이 칠판에 아이들의 의견을 적은 후 반 전체가 함께 이야기를 나누며 토론 규칙을 정하는 것이 좋습니다.

질문 방법 공부하기

독서 수업의 가장 기본은 책의 내용을 파악하는 것입니다. 책의 내용을 정확히 파악해야 더 깊고 넓은 독서 활동으로 들어갈 수 있습니다. 책의 내용을 이해했는지 파악하는 효과적인 방법으로 질문을 활용합니다. 질문에는 사실 질문, 상상 질문, 적용 질문, 실천 질문이 있습니다. 1학년 아이들의 발달단계에 맞춰 이 책에서는 사실 질문, 상상 질문을 활용합니다. 1학년 아이들은 사실 질문을 처음으로 배우는 단계이므로 책의 내용을 확인하는 사실 질문이 익숙해질 때까지는 사실 질문으로만 묻고 답하는 독서 활동을 하도록 합니다.

사실 질문(내용 질문)

- 글 속에서 질문에 대한 답을 찾을 수 있는 질문입니다.
- 육하원칙과 관련이 있으며 '언제, 어디서, 누가, 무엇을' 등을 생각하면 좀 더 쉽게 만들 수 있습니다.
- 사실 질문의 목적은 책의 내용을 세세하게 파악하는 데 있습니다.

사실 질문에 대해 아이들과 함께 공부한 후에는 사실 질문을 만들어 대화해 봅니다. 각자 책의 내용 확인과 관련된 사실 질문을 만든 후 짝과 함께 서로 질문하고 대답해 봅니다. 아이들은 질문을 만들면서 책을 한 번 더 꼼꼼하게 읽게 되며, 친구의 질문에 답하면서 한 번 더 책의 내용을 머릿속으로 상기하게 됩니다.

짝과 책의 내용을 확인하는 사실 질문 활동을 마친 후에는 서로의 질문 중에서 모둠 친구들과 나누고 싶은 사실 질문을 한두 개 정합니다. 모둠 친구들과 나누고 싶은 사실 질문으로 다시 이야기를 나눕니다. 모둠 활동이 끝나면 반 친구들과 이야기하고 싶은 질문을 한두 개 정도 고른 뒤 전체적으로 공유하는 활동으로 진행할 수 있습니다.

도움말과 유의할 점

- 질문의 예시를 잘 보고 질문을 만들 수 있도록 합니다.
- 질문을 많이 만들어보도록 합니다.
- 질문에는 좋은 질문과 나쁜 질문이 없습니다. 다양한 질문이 나올 수 있도록 허용적인 분위기를 만들어 줍니다.
- 다른 사람의 질문에 비난하지 않도록 합니다.
- 질문의 의미를 잘 모르겠으면 어떤 의도로 질문을 만들었는지 질문을 만든 친구에게 다시 설명해 달라고 요청하도록 지도합니다.
- 친구를 곤란하게 할 의도로 질문을 만들지 않도록 약속합니다.

질문 방법 예시로 설명하기

가만히 보니 빨랫줄에는
때묻은 천둥번개도깨비가 걸려 버둥거리고 있었습니다.
"도대체 여기가 어디야? 마치 거미집 같은데,
이렇게 줄이 많으니 천둥번개도깨비님이라도 안 걸리고 배기나!"
이 말을 들은 엄마는 화가 났습니다.

> "거미집이라니! 그런 실례의 말이 어디 있나? 그보다 너는 뭐하러 왔어?"
>
> 그러자 천둥번개도깨비는 말했습니다.
>
> "뭐하러 오다니? 내가 은방망이 금방망이를 가지러 온 것은 뻔한 일 아니야?"
>
> - 『도깨비를 빨아버린 우리 엄마』 중에서
>
> **사실 질문의 예**
> ① 천둥번개도깨비는 어디에 걸려서 버둥거리고 있었나요?
> ② 천둥번개도깨비는 무엇을 하러 왔나요?

한글과 놀기

1학년 아이들에게는 책을 읽고 생각을 글로 정리하는 것이 아직 어렵습니다. 그래서 1학년 아이들의 독서 활동은 글을 쓰고 정리하는 것보다 책으로 즐거운 시간을 보내고 독서에 재미를 느끼게 하는 것에 목적을 둡니다. 한글 놀이하기는 아이들과 함께 책을 읽고 질문을 만들어 이야기를 나누면서 한글 자음자와 모음자를 자연스럽게 익힐 수 있도록 하는 활동입니다. 이번 활동에서는 자음자가 들어간 낱말을 책에서 찾아 따라 써보고, 소리 내어 읽어 봅니다.

꼬부랑 할머니 노래 부르기

1학년의 독서 활동은 책 읽기에만 그치지 않고 노래와 율동, 연극, 그림 그리기 등 다양하고 통합적인 활동과 함께 합니다. 꼬부랑 할머니 노래를 먼저 들어보고 다 같이 따라 불러 봅니다. 어느 정도 노래에 익숙해지면 '꼬부랑'이라는 노랫말에는 손을 모으고 꼬부랑 고갯길을 흉내 내는 동작과 함께 노래를 불러 봅니다. 노래에 맞춰 자기만의 '꼬부랑' 동작을 표현해 봅니다. 선생님이 먼저 '꼬부랑' 동작을 만들어 노래와 같이 불러 봅니다. 아이들 각각의 '꼬부랑' 동작 표현에 많은 격려를 해줍니다.

신나게 노래를 부른 다음에는 꼬부랑 고갯길과 꼬부랑 엿가락, 꼬부랑 강아지 등을 열두 고갯길에 그려 봅니다. 꼬부랑 고갯길은 어떻게 생겼을까? 꼬부랑 엿가락은 어떤 모양일까? 꼬부랑 강아지는 어떻게 생긴 강아지일까? 교사의 질문에 다양한 아이들의 답이 쏟아져 나옵니다. 아이들 각각의 다양한 상상력을 엿볼 수 있습니다. 자기가 생각한 꼬부랑 고갯길과 꼬부랑 엿가락, 꼬부랑 강아지를 열두 고개에 표현해 보는 것으로 꼬부랑 할머니 노래 부르기를 마무리합니다.

호랑이 생각 그물

생각 그물은 중심 개념에서부터 관련된 아이디어를 시각적으로 표시해 나가는 활동입니다. 생각 그물을 짜면 하나하나의 요소만 보는 게 아니라 여러 방향에서 생각을 연결 지어 볼 수 있고 관련이 없어 보이는 것끼리의 연관성도 찾을 수 있습니다. 생각 그물을 짜기 위해서는 주제와 관련해서 다양한 낱말과 이미지를 떠올려 본 다음 그러한 생각들을 엮어 나가야 합니다.

생각 그물은 특정 주제에 대한 자신의 생각을 몇 마디 정보나 단어, 문장 등으로 회상하고 표현할 수 있도록 하는 데 도움을 줍니다. 생각 그물 만들기는 여러 가지 형태로 할 수 있습니다. 거미줄과 같은 형태일 수도 있고, 나무 모양이나 기차 모양과 같은 형태일 수도 있습니다. 글의 주제에 적합한 형태를 선택하는 것이 좋습니다.

※ 1학년 아이들과의 생각 그물은 중심 이미지나 중심 말에서 방사형으로 생각을 뻗어나가는 것에서부터 시작합니다. 중심 이미지나 중심 말에서 소주제로 내용을 확장해서 뻗어나가는 토니 부잔의 마인드맵은 생각 그물이 어

느 정도 익숙해지면 시작합니다.

- 예시

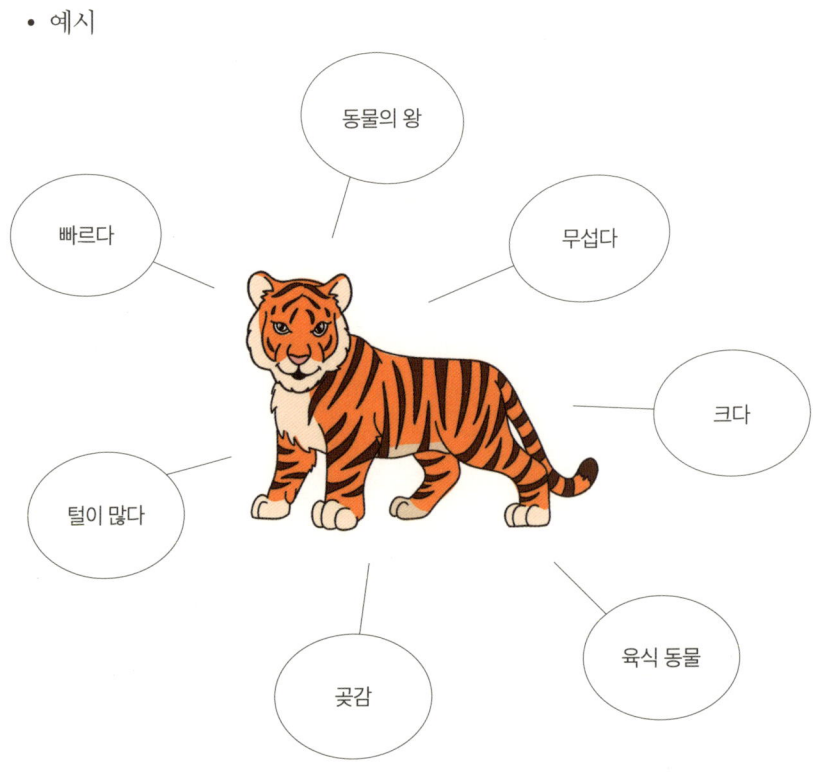

옛날 물건의 쓰임새

전래 동화에는 아이들이 모르는 옛날 물건이 많이 나옵니다. 다양한 옛날 물건에 대해 선생님과 함께 이야기해 봅니다. 아궁이와 지게, 멍석, 절구 등을 사진으로 확인해 보거나 찰흙 등을 이용해서 직접 만들어 보는 활동, 선생님이 옛날 물건의 생김새를 자세히 이야기해 주면 아이들이 선생님의 말씀을 들으면서 그려 보는 활동 등 다양한 방법으로 옛날 물건에 대한 흥미를 이끌어 내면 재미있는 수업이 될 수 있습니다. 다양한 옛날 물건 활동 다음에 활동지를 풀어보면 좋습니다.

옛날 물건
- 아궁이는 방고래에 불을 넣거나 솥 또는 가마에 불을 지피기 위해 만든 구멍입니다.
- 지게는 농사에 필요한 거름(퇴비)이나 곡물, 나무, 풀 등 사람의 힘으로 나를 수 있는 물건을 운반할 때 사용되는 우리나라의 대표적인 운반 도구입니다.
- 멍석은 곡식을 널어 말리는 데 쓰는 짚으로 결어 만든 자리입니다.
- 절구는 통나무나 돌의 속을 파낸 구멍에 곡식을 넣고 절굿공이로 찧는 도구입니다.

기억에 남는 장면 말하기

독서 수업에서 그림책『팥죽 할머니와 호랑이』로 친구들과 서로의 생각을 나눈 후, 오늘 "나에게"『팥죽 할머니와 호랑이』는 어떤 의미로 기억되는지 짝꿍과 번갈아 기억에 남는 장면을 이야기하며 책을 마무리합니다.

아직 글로 표현하는 것이 어려운 1학년 친구들은 기억에 남는 장면을 그려 보거나 기억에 남는 장면을 손들고 발표하는 활동으로 마무리해도 좋습니다.

독서 활동 실천하기

자기소개하기

내가 좋아하는 놀이나 장난감으로 인사를 나눠 보세요.

> 예시) ① 나는 김○○이에요. 나는 레고 놀이를 좋아해요. 레고로 여러 가지를 만들어서 노는 것이 좋아요.
>
> ② 나는 박○○이에요. 나는 그림 놀이가 좋아요. 여러 가지 그림을 그리고 색칠하면 기분이 좋아져요.
>
> ③ 나는 이○○이에요. 나는 엄마가 해 준 불고기를 제일 좋아해요. 또, 피자랑 김밥도 좋아해요.

- 내 이름을 말해 보세요.

- 내가 좋아하는 놀이나 장난감, 음식 등을 소개해요.

- 내 이름과 좋아하는 놀이나 장난감, 음식 등을 낱말이나 그림으로 나타내 보세요. 모둠 친구들과 함께 이야기를 나눠 보세요.

- 모둠 친구들과 돌아가면서 자기소개를 해보세요. 모둠 친구들의 자기소개를 잘 들었나요? 모둠 친구들이 말하는 놀이나 장난감, 음식을 낱말이나 그림으로 나타내 보세요.

- 친구들이 말한 놀이나 장난감, 음식 중 4개의 낱말을 선택해서 빙고칸에 적거나 그리고, 빙고 게임을 해보세요.

- 모둠 친구들이 좋아하는 놀이나 장난감 중 하나를 선택해서 놀아 보도록 해요. 내가 해보고 싶은 놀이나 가지고 놀고 싶은 장난감을 낱말이나 그림으로 나타내 보세요.

- 다음 시간에 서로 놀아본 경험에 대해 이야기 나눠 보세요.

함께 공부하기 위한 약속 정하기

함께 즐겁게 공부하기 위한 약속을 정해 보세요.

예시) ① 적극적으로 참여해요.

② 선생님과 친구들의 질문에 '몰라', '그냥', '나도 그래' 등으로 성의 없게 답하지 않아요.

③ 친구를 바라보며 질문하고 대답해요.

- 즐거운 수업을 위해 어떤 약속이 필요한지 서로 이야기를 나눠 보세요.

- 내가 생각하기에 우리 모두가 즐겁게 공부하기 위해서 꼭! 필요한 약속 한 가지를 낱말이나 그림으로 나타내 보세요.

- 나와 친구들, 선생님과 함께 정한 약속을 생각하며 정리해 보세요. (선생님이 칠판에 적은 것을 따라 적어 보세요.)

질문 방법 공부하기

질문을 만들어 대화해 보세요.

- 그림책의 표지를 보며 선생님께 배운 사실 질문 1개를 낱말이나 그림으로 나타내 보세요.

    예시) 사람은 몇 명이 있나요?

- 그림책 2장을 읽고 선생님께 배운 사실 질문 2개를 낱말이나 그림으로 나타내 보세요.

    예시) 호랑이는 할머니에게 무슨 내기를 신청했나요?

- 짝꿍과 함께 '사실 질문 하고 답하기' 활동을 해보세요.

- 그림책을 끝까지 읽고 선생님께 배운 사실 질문 3개를 낱말이나 그림으로 나타내 보세요.

- 짝꿍과 함께 '사실 질문 하고 답하기' 활동을 해보세요.

- 다른 친구와 만나서 '사실 질문 하고 답하기' 활동을 해보세요.

한글과 놀기

- 아래 한글 자음을 보며 『팥죽 할머니와 호랑이』에서 낱말을 찾아 적어 보세요.

ㄱ		ㅂ	
ㅍ		ㅅ	
ㅁ		ㅎ	예시) 한강
ㅈ		ㄴ	

- 찾아서 적은 낱말을 살펴보며 짝꿍과 번갈아 소리 내어 크게 읽어 보세요.

- 내가 적은 낱말 중에서 하나의 낱말을 선택해서 짝꿍과 끝말잇기를 해보세요.

> **예시) 한강**
>
> 한강 - 강도 - 도시 - 시골 ……

꼬부랑 할머니 노래 부르기

『팥죽 할머니와 호랑이』의 팥죽 할머니는 깊은 산 속에 사는 꼬부랑 할머니에요. 팥죽 할머니를 생각하며 '꼬부랑 할머니' 노래를 불러 보세요.

꼬부랑 할머니

1. 꼬부랑 할머니가	꼬부랑 고갯길을
2. 꼬부랑 할머니가	꼬부랑 길에 앉아
3. 꼬부랑 할머니가	맛있게 자시는데
4. 꼬부랑 강아지가	그 엿좀 맛보려고

1. 꼬부랑 꼬부-랑	넘어가고 있네
2. 꼬부랑 엿가락을	살며시 꺼냈네
3. 꼬부랑 강아지가	기어오고 있네
4. 입맛을 다시다가	예끼놈 맞았네

1.2.3 꼬부랑 꼬부-랑	꼬부랑 꼬부-랑
4. 꼬부랑 깽깽-깽	꼬부랑 깽깽-깽

고개는 열두고개 -고개를 고개를 넘어간다

- 다 같이 신나게 노래를 불러 보세요.

- '꼬부랑'이라는 낱말이 나올 때는 노래를 부르지 말고 동작으로 표현하면서 노래를 다시 한번 불러 보세요.

- 빨간 줄을 친 글자를 바르게 따라 써보세요.

꼬부랑 할머니	꼬부랑 할머니
꼬부랑 고갯길	꼬부랑 고갯길
꼬부랑 엿가락	꼬부랑 엿가락
꼬부랑 강아지	꼬부랑 강아지

- 노랫말에 있는 꼬부랑 열두고개와 꼬부랑 엿가락, 꼬부랑 강아지를 그려 보세요.

호랑이 생각 그물

- '호랑이' 하면 떠오르는 생각을 낱말이나 그림으로 나타내 보세요.

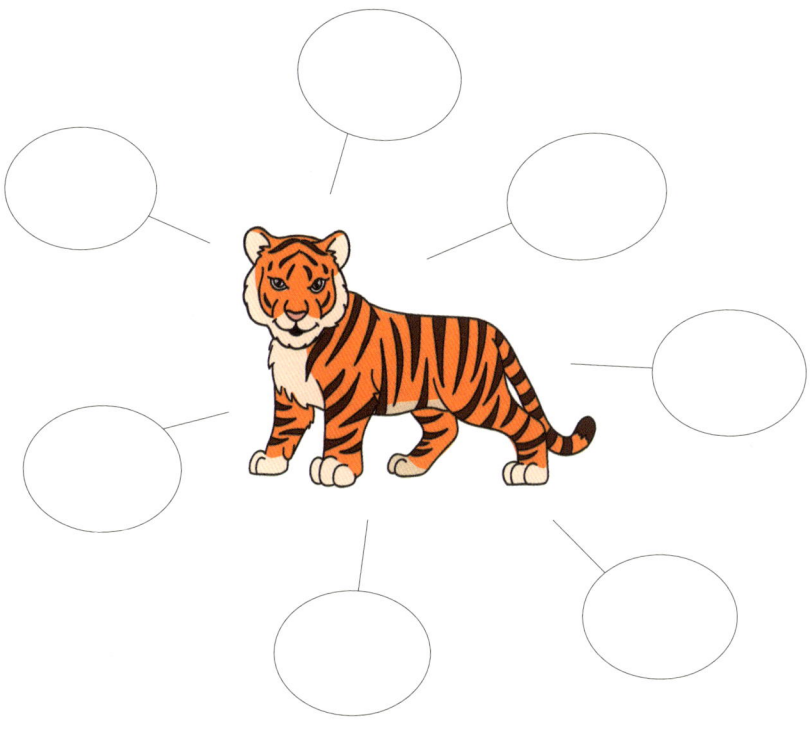

- 짝꿍과 서로의 생각 그물을 보며 호랑이에 대한 이야기를 나눠 보세요.

- 자신의 생각 그물과 친구들의 생각 그물을 보며 호랑이에 대한 이야기를 나눠 보세요.

- 내가 생각하는 '나만의 멋진 호랑이'를 색칠해 보세요.

- 친구들이 색칠한 호랑이를 보며 떠오르는 느낌을 낱말이나 그림으로 나타내 보세요.

옛날 물건의 쓰임새

- 할머니가 팥죽을 만들고 있을 때 아궁이와 멍석, 절구, 지게가 찾아와 팥죽 한 그릇을 달라고 했어요. 아궁이와 절구, 지게, 멍석은 현재 우리가 잘 사용하지 않는 물건이에요. 사진을 보며 무엇을 할 때 사용하는 물건인지 낱말이나 그림으로 나타내 보세요.

옛날 물건	무엇을 할 때 사용하는 물건일까요?
아궁이	
절구	
지게	
멍석	

- 옛날 물건이 언제 사용되는지 짝꿍과 이야기를 나눠 보세요

- 선생님과 함께 옛날 물건에 대해 알아 보도록 해요.

- 옛날 물건이 어떤 쓰임이었는지 잘 생각하며 줄을 이어보세요.

| 곡식을 빻거나 찧는 데 사용해요. | 짐을 얹어 사람이 메고 다니게 만들었어요. | 곡식을 널어 말리는 데 쓰이며 짚으로 만들었어요. | 가마나 방·솥에 불을 때기 위하여 만들었어요. |

- 아궁이와 절구, 지게, 멍석은 팥죽을 좋아했어요. 팥죽을 먹어 본 적이 있나요? 친구들과 함께 팥죽에 대해 이야기를 나눠 보세요.

기억에 남는 장면 말하기

- 『팥죽 할머니와 호랑이』를 읽고 친구들과 사실 질문으로 이야기를 나눠 보았어요. 『팥죽 할머니와 호랑이』에서 가장 기억에 남았던 부분과 그 이유를 낱말이나 그림으로 나타내 보세요.

- 가장 기억에 남았던 장면을 5분 안에 빠르게 그려 보세요.(시간을 정확히 재면서 합니다)

- 짝꿍과 '가장 기억에 남았던 장면 그림'을 살펴보며 어떤 장면을 표현한 것인지 서로 이야기를 나눠 보세요.

- 모둠 친구들과 '가장 기억에 남았던 장면 그림' 살펴보며 어떤 장면을 표현한 것인지 서로 이야기를 나눠 보세요.

- 가장 기억에 남는 친구의 그림과 그 이유를 낱말이나 그림으로 나타내 보세요.

- 『팥죽 할머니와 호랑이』에 등장하는 인물들 중 한 인물을 선택해서 꼭! 해주고 싶은 격려의 말을 낱말이나 그림으로 나타내 보세요.

  예시) 할머니! 무서운 호랑이와의 약속을 지키려고 하시는 모습! 대단해요.

알사탕

백희나 글·그림, 책읽는곰

🏅 2017 올해의 책
🏅 세종도서 선정 우수도서
🏅 행복한 아침도서 추천도서

『알사탕』은 주인공 동동이가 문방구에서 알사탕을 사서 먹은 후 그동안 들을 수 없었던 소리가 갑자기 들리기 시작하면서 벌어지는 이야기입니다. 자신이 얼마나 힘들고 괴로운지 이야기 하는 소파, 동동이와 잘 놀아주지 못하는 강아지 구슬이의 진짜 속마음, 하늘나라에서 친구들과 재미있게 지내고 계시는 할머니의 소식! 알사탕을 통해 마음의 소리가 들리기 시작한 동동이! 동동이는 알사탕을 통해 자기 자신의 마음의 소리도 들었을까요? 마음의 소리를 들은 동동이는 과연 무엇을 할 수 있는 용기를 얻었을까요?

이 책을 통해 평소 우리가 말하지 않으면 몰랐던 내 주변의 물건이나 반려동물 그리고 가족의 속마음에 대해 생각해보고 그동안 말하지 못했던 나의 속마음도 살짝 꺼내 볼 수 있기를 바랍니다.

독서 활동 만나보기

- 지난 시간 돌아보기
- 질문 방법 공부하기
- 질문 만들어 대화하기
- 땅따먹기
- 우리 집 가구들의 속마음
- 한글과 놀기
- 등장인물의 속마음
- 동동이의 감정
- 비주얼 씽킹
- 아빠의 잔소리
- 나만의 알사탕 만들기

지난 시간 돌아보기

『알사탕』으로 독서 수업을 시작하기 전 지난 시간에 함께 공부했던 『팥죽 할머니와 호랑이』 수업을 살짝 되돌아봅니다. 함께 정한 약속을 다시 한번 다 같이 읽어보거나 『팥죽 할머니와 호랑이』의 내용에 관한 사실 질문을 해봅니다. '친구들이 좋아하는 놀이나 장난감 중 하나를 선택해서 놀아보고 오기' 활동에 대해 함께 이야기를 나누며 그 활동을 하면서 가장 좋았던 장면이나 나의 기분 등을 그림으로 표현해 보면서 지난 수업 시간을 돌아봅니다.

질문 방법 공부하기

사실 질문에 이어 상상 질문에 대해 공부합니다. 1학년은 사실 질문과 상상 질문 정도로 질문의 수준을 조절해서 독서 수업에 활용합니다.

상상 질문
- 상상해서 답을 할 수 있는 질문으로 답이 정해져 있지 않습니다.
  (만약 ~ 라면?, 만약 ~ 했다면? 등)

질문 만들어 대화하기

상상 질문을 배우기 전 아이들과 지난 시간에 배웠던 사실 질문으로 되돌아보기 활동을 해보는 것이 좋습니다. 사실 질문이 책의 내용을 잘 이해하고 있는지를 확인하는 것에 중점을 둔다면, 상상 질문은 내용 확인에 바탕을 두되 아이들의 다양한 상상력을 펼쳐보는 것에 중점을 둡니다. 각자 상상 질문을 만든 후 짝꿍과 함께 질문하고 대답해 봅니다. 상상 질문은 정답이 없기 때문에 다양한 아이들의 대답을 수용하면서 활동합니다. 단, 상상 질문도 책과 관련된 질문을 만들도록 지도합니다. 짝꿍과 서로 상상 질문에 대해 질문과 답을 나눈 후, 모둠 친구들과 함께 질문과 답을, 모둠 활동이 끝나면 반 친구들과 함께 나누고 싶은 질문을 전체적으로 공유하는 활동으로 진행할 수 있습니다.

질문 방법 예시로 설명하기

가만히 보니 빨랫줄에는

때묻은 천둥번개도깨비가 걸려 버둥거리고 있었습니다.

"도대체 여기가 어디야? 마치 거미집 같은데,

이렇게 줄이 많으니 천둥번개도깨비님이라도 안 걸리고 배기나!"

이 말을 들은 엄마는 화가 났습니다.

> "거미집이라니! 그런 실례의 말이 어디 있나? 그보다 너는 뭐하러 왔어?"
>
> 그러자 천둥번개도깨비는 말했습니다.
>
> "뭐하러 오다니? 내가 은방망이 금방망이를 가지러 온 것은 뻔한 일 아니야?"
>
> -『도깨비를 빨아버린 우리 엄마』 중에서
>
> **상상 질문의 예**
>
> ① 도깨비를 만나면 어떤 말을 하고 싶나요?
>
> ② 은방망이와 금방망이가 있다면 무슨 소원을 말하고 싶나요?
>
> ③ 은방망이와 금방망이는 어디에 있을까요?

땅따먹기

『알사탕』의 첫 장면에서 동동이는 혼자 구슬치기를 하며 놀고 있습니다. 구슬치기는 옛날부터 전해 내려오는 우리나라 전래 놀이입니다. 시간이 허락된다면 아이들과 구슬치기를 해보면 좋습니다. 구슬치기를 하지 못할 경우 아이들과 지우개로 땅따먹기 놀이를 해봅니다. 짝꿍과 지우개를 놓고 가위바위보로 순서를 정한 뒤 한명씩 지우개를 손가락으로 튕겨서 지우개가 들어가는 칸에 있는 문제를 풉니다. 지우개가 들어간 칸의 문제를 맞추면 내 땅이 되는 놀이입니다. 땅따먹기 놀이로 ○, × 퀴즈를 맞추며 내용도 파악합니다.

> **동동이의 구슬치기 놀이**
>
> 구슬치기 놀이는 지역마다 다른 특색을 가지고 있습니다. 동동이가 한 구슬치기는 땅

> 에 삼각형을 그린 후, 놀이하는 사람끼리 상의해서 정한 개수만큼 그 안에 구슬을 넣고 순서를 정해서 삼각형 밖으로 내 보내면 점수를 따는 놀이입니다. 만약 삼각형 안에 내 구슬이 들어가거나 삼각형 선에 닿으면 지금까지 딴 구슬을 삼각형 안에 다 내놓고 죽는데 이를 '토하기'라고 합니다. 삼각형 안에 구슬이 하나도 남지 않거나 다른 사람이 다 죽으면 그 판이 끝나고 다시 자기 몫의 구슬을 내고 시작합니다.
>
> 출처 : 한국민속예술사전 - 민속놀이

우리 집 가구들의 속마음

『알사탕』에서 소파의 속마음은 상상을 뛰어넘습니다. 리모컨 때문에 아프고 아빠의 방귀 때문에 힘들다는 소파의 속마음을 듣는 순간 우리 집 가구들의 속마음이 궁금해집니다. 우리 집 가구들은 어떤 말을 하고 싶을까요? 내가 상상하는 우리 집 가구들의 속마음을 적어 봅니다. 그림에 있는 가구말고 다른 가구나 물건들을 그려도 좋습니다. 우리 집 가구들의 속마음을 적은 뒤, 친구들과 함께 이야기를 나눠 봅니다.

한글과 놀기

1학년 아이들에게는 책을 읽고 생각을 글로 정리하는 것이 아직 어렵습니다. 그래서 1학년 아이들의 독서 활동은 글을 쓰고 정리하는 것보다 책으로 즐거운 시간을 보내고 독서에 재미를 느끼게 하는 것에 목적을 둡니다. 한글 놀이하기는 아이들과 함께 책을 읽고 질문을 만들어 이야기를 나누면서 한글 자음자와 모음자를 자연스럽게 익힐 수 있도록 하는 활동입니다. 이번 활동에서는 자음자와 모음자가 들어간 낱말을 책에서 찾아 따라 써보고, 소리 내어 읽어 봅니다.

등장인물의 속마음

알사탕을 사서 먹은 후 동동이는 속마음이 들리기 시작했습니다. 알사탕마다 다른 속마음이 들립니다. 할머니, 소파, 구슬이, 아빠 그리고 동동이 자신까지! 등장인물들의 속마음을 책을 보며 낱말이나 그림으로 정리해 봅니다. 아직 책에 있는 내용을 다 옮겨적는 것이 어렵기 때문에 읽고 기억나는 낱말이나 문장을 책을 보며 따라 적을 수 있도록 합니다.

동동이의 감정

감정이라는 단어가 낯선 아이들과 감정에 대해 이야기를 나눌 때는 감정이라는 단어보다 아이들에게 익숙한 '기분'과 '느낌', '마음' 등으로 시작하는 것이 좋습니다. 하지만 자기 자신의 기분과 느낌, 마음을 표현해 보았던 경험이 없어 그 조차도 어색할 경우에는 아이들에게 친근한 날씨나 숫자, 좋아하는 캐릭터 등으로 자신의 기분과 마음 등을 표현해 보게 할 수 있습니다. 감정을 확인하는 과정을 통해 아이들은 '지금 여기에 있는 나'를 그대로 직면하고 알아차리는 기회를 가질 수 있습니다.

아이들과 함께 감정을 알아가는 활동

① 감정 카드로 여러 감정 단어 알아가기 - 모둠별로 감정 카드를 하나씩 나눠 주고 서로 이 감정을 느꼈던 경험을 이야기 나눕니다.
   예시) 모둠별로 각각 고마워, 화가나, 슬퍼, 즐거워 등의 감정 카드를 나눠 주고 서로 이 감정을 느꼈던 경험을 이야기해 봅니다. 같은 경험을 나누며 공감하고 다른 친구의 경험을 들으며 친구의 마음을 이해하게 됩니다. 활동 시마다 다른 감정 카드 활용합니다.

② 교사의 경험을 감정 단어로 말해보기 - 교사가 자신의 경험을 말하면 아이들이 교사의 감정을 맞혀 보고 자신도 그런 감정을 느꼈던 경험을 이야기 나눕니다.

예시) 교사가 오늘 자신의 경험을 이야기합니다. "선생님이 학교에 오는 길에 찻길에서 다리를 다친 강아지를 봤어. 지금 선생님은 어떤 기분일까?"라는 이야기를 듣고 아이들은 자신의 감정을 생각하며 선생님의 감정을 맞혀보려고 합니다. 선생님의 감정을 맞힌 다음에는 '슬프다'라는 감정을 느꼈던 경험을 서로 이야기 나눕니다.

③ 나의 감정 알아차리기 - 칠판에 그동안 배운 감정을 붙여놓습니다. 교실 문을 열고 들어오는 아이들은 칠판에 있는 감정 단어에서 자신의 감정을 찾아 이름을 붙이는 활동을 합니다. 아이들은 자신의 감정이 무엇인지 생각하고 표현하는 과정에서 감정을 인지하게 됩니다. 감정 차트를 아이들과 살펴보며 감정을 알아가는 것도 좋은 방법입니다.

<감정 차트>

비주얼 씽킹

자신의 생각을 글과 이미지 등을 통해 체계화하고 기억력과 이해력을 키우는 시각적 사고 방법입니다. 즉, 생각을 글과 그림으로 표현하고 나누는 것을 말합니다.

- 방법

① 주제를 확인합니다.
② 자신의 생각을 이미지나 단어로 표현합니다.
③ 자신의 그림을 설명하고 모둠의 생각을 공유합니다.

가족이나 친구	**예시) 친구 김미소**	엄마
비주얼 씽킹	☀️	🙂
가족이나 친구	아빠	강아지 똘이
비주얼 씽킹	❤️	최고!
가족이나 친구		
비주얼 씽킹		

아빠의 잔소리

사랑하기 때문에 아이들에게 하는 엄마 아빠의 말이 아이들에게는 끔찍하고 지겨운 잔소리로 들릴 수도 있습니다. 부모와 자녀의 대화를 조사한 설문 조사에서 부모는 자녀와 하루에 30분은 서로 대화를 한다고 생각하고 자녀는 부모와 하루에 5분도 대화를 하지 않는다는 결과가 나왔습니다. 대화에 대한 서로의 생각이 다르기 때문입니다. 부모가 대화라고 생각하며 아이에게 하는 "~해라. ~했냐?"는 말은 아이들 입장에서 보면 대화가 아닙니다. 동동이 아빠도 동동이를 사랑하는 자신의 속마음은 표현하지 못한 채 동동이에게 잔소리만 하게 됩니다. 부모님께 가장 듣기 싫은 잔소리가 무엇인지? 그리고 진짜로 부모님께 듣고 싶은 이야기는 무엇인지? 활동을 통해 아이들의 진짜 속마음을 알아봅니다.

나만의 알사탕 만들기

『알사탕』을 읽다 보면 어느새 나도 동동이가 먹은 알사탕을 먹어 보고 싶다는 생각이 듭니다. 『알사탕』에 등장하는 여러 알사탕 중에서 자신이 먹고 싶은 알사탕과 그 이유에 대해 친구들과 충분히 이야기를 나눠 봅니다. 친구와 이야기를 나누기 전 아이들에게 친구와 이야기를 나누면서 내 의견과 생각을 수정할 수도 있고 친구의 이야기를 내 이야기에 덧붙여 생각 주머니를 더 넓게 확장할 수도 있다는 안내가 필요합니다. 충분히 친구들과 이야기를 나눈 후에는 내가 직접 먹고 싶은 알사탕과 그 알사탕의 마법을 상상해 보고 적어 봅니다. 아이들의 뛰어난 상상력이 발휘되는 순간입니다. 다양한 마법의 알사탕에 대해 서로 이야기를 나누는 시간을 가져 봅니다. 시간이 된다면 클레이로 직접 나만의 알사탕을 만들어 보는 시간을 가져 봐도 좋습니다.

독서 활동 실천하기

지난 시간 돌아보기

지난 시간에 내가 선택한 '친구의 놀이나 장난감'으로 즐거운 시간을 보냈나요? 모둠 친구들과 함께 지난 시간에 내가 선택한 놀이나 장난감이 무엇인지 그리고 내가 선택한 놀이나 장난감으로 어떤 시간을 보냈는지 이야기해 보세요.

- 내가 선택한 놀이나 장난감으로 보낸 시간을 낱말이나 그림으로 나타내 보세요.

> **예시)** 나는 저번에 레고 놀이를 골라서 레고로 성도 만들고 형이랑 전쟁놀이도 하면서 재미있는 시간을 보냈어.

- 우리가 지난 시간에 함께 정한 약속을 다시 한번 따라 적어 보세요.

  -
  -
  -
  -

- 지난 시간에 함께 읽었던 『팥죽 할머니와 호랑이』에서 기억나는 내용을 낱말이나 그림으로 나타내 보세요.

질문 방법 공부하기

- 『알사탕』 표지를 보며 사실 질문 1개를 낱말이나 그림으로 나타내 보세요.

    예시) 아이는 무엇을 들고 있나요?

- 『알사탕』을 읽고, 사실 질문 2개를 낱말이나 그림으로 나타내 보세요.

    예시) 아이는 혼자서 무엇을 하고 놀고 있나요?

- 짝꿍과 '질문하고 답하기' 활동을 해보세요.

- 『알사탕』을 읽고, 상상 질문 1개를 낱말이나 그림으로 나타내 보세요.

    예시) 소파는 무슨 이야기를 더 하고 싶어 했을까요?

질문 만들어 대화하기

- 『알사탕』을 읽고, 사실 질문 2개를 낱말이나 그림으로 나타내 보세요.

  예시) 강아지의 이름은 무엇인가요?

- 짝꿍과 '질문하고 답하기' 활동을 해보세요.

- 『알사탕』을 읽고, 상상 질문 2개를 낱말이나 그림으로 나타내 보세요.

  예시) 아빠는 왜 사랑한다고 크게 말하지 않을까요?

- 짝꿍과 '질문하고 답하기' 활동을 해보세요.

- 모둠 친구들과 '질문하고 답하기' 활동을 해보세요.

- 가장 기억에 남는 친구의 질문과 답을 낱말이나 그림으로 나타내 보세요.

땅따먹기

동동이는 혼자 구슬치기를 하면서 놀았어요. 구슬치기는 옛날부터 내려오는 전통 놀이지요. 우리는 구슬치기 대신에 교실에서 할 수 있는 ○, × 퀴즈 땅따먹기 놀이를 해보도록 해요. 땅따먹기 놀이를 하기 전 『알사탕』을 다시 한번 읽어보면 땅따먹기 놀이에 도움이 될 수 있어요.

지우개 놓는 곳			
꽝	소파는 리모컨 때문에 불편했다.	분홍색 알사탕 속에는 껌이 들어있다.	한 번 더!
주인공은 문구점에서 새 구슬을 샀다.	『알사탕』 주인공 이름은 공공이이다.	꽝	구슬이는 동동이를 싫어한다.
주인공은 혼자서 구슬치기를 하며 놀고 있었다.	꽝	풍선껌은 잘 뭉쳐서 식탁 밑에 붙여 두었다.	『알사탕』의 소파에서 방귀를 많이 뀌는 사람은 엄마이다.
한 번 더!	주인공 할머니는 지금 친구들과 부산에 여행을 갔다.	주인공 아빠는 잔소리를 하지 않는다.	꽝
주인공의 강아지는 늙어서 자꾸 눕고 싶다.	꽝	한 번 더!	구슬이는 긴장하면 하품을 한다.
지우개 놓는 곳			

우리 집 가구들의 속마음

- 동동이는 알사탕을 먹고 소파의 속마음을 듣게 되었어요. 우리 집에 있는 물건들이 우리에게 무슨 말을 하고 싶은지 상상해서 낱말이나 그림으로 나타내 보세요.

- 친구 집 가구들의 속마음을 살펴보세요.

한글과 놀기

- 아래의 한글 자음자와 모음자를 보며 『알사탕』에서 낱말을 찾아 적어 보세요.

ㄱ		ㄴ	
ㅗ		ㅅ	
ㅁ		ㅏ	
ㅇ		ㅈ	
ㅋ		ㅎ	예시) 할머니
ㅣ		ㄹ	

- 짝꿍과 서로 적은 낱말을 살펴보며 소리 내어 읽어 보세요.

- 내가 적은 낱말 중에서 하나의 낱말을 선택해서 짝꿍과 끝말잇기를 해보세요.

    예시) 한강

    한강 - 강도 - 도시 - 시골 ……

등장인물의 속마음

동동이는 알사탕을 먹고 낯선 소리들을 듣게 되었어요. 동동이가 알사탕을 먹고 들은 소리를 책에서 찾아 낱말이나 그림으로 나타내 보세요.

동동이가 먹은 알사탕	들은 소리

동동이의 감정

알사탕을 먹고 낯선 소리들을 들은 동동이는 어떤 마음이 들었을까요? 감정 차트를 보며 동동이의 감정을 생각해 보세요.

낯선 소리	동동이의 감정
예시) 할머니와의 통화	놀란
소파의 이야기	
구슬이의 속사정	
아빠의 속마음	

<감정 차트>

비주얼 씽킹

앞에서 동동이의 감정을 감정 차트에서 살펴보았어요. 이번에는 나의 가족과 주변 친구들에 대한 나의 속마음을 '비주얼 씽킹'으로 표현해 보세요.

가족이나 친구	예시) 친구 김미소	
비주얼 씽킹	☀️	
가족이나 친구		
비주얼 씽킹		
가족이나 친구		
비주얼 씽킹		

아빠의 잔소리

- 동동이 아빠는 속마음과는 다르게 동동이에게 잔소리를 하기 시작했어요. 동동이 아빠가 한 잔소리로 낱말 찾기 놀이를 해보도록 해요. 보기에 있는 낱말을 찾아 동그라미를 치세요.

<보기>

숙제, 구슬이, 손, 글씨, 양치, 체육복, 일기장, 알림장, 급식,

물, 체육복, 목욕, 리모컨, 가정 통신문, 만화책

숙제했냐? 장난감 다 치워라. 이게 치운거냐? 빨리 정리하고 숙제해라. 구슬이 산책시켰냐? 똥은 잘 치웠냐? 산책갈 때 비닐봉지 챙겨서 나갔냐? 손은 닦았냐? 제대로 돌보지 않을 거면 개 키울 자격도 없다. 글씨가 이게 뭐냐? 창피하다. 자전거 열쇠는 찾았냐? 이름은 써놓았냐? 리모컨은? 똑바로 앉아라. 밥 풀 흘리지 마라. 밥 먹다 화장실 가지 마라. 문 꼭 닫아라. 등 펴고 의자 당겨 앉아라. 나물도 먹어라. 꼭꼭 씹어라. 입 다물고. 알림장 제대로 적어왔냐? 물은 밥 다 먹고 마셔라. 밥 다 먹고 말해라. 가정 통신문 있으면 식탁 위에 놓아둬라. 급식은 골고루 다 먹어야 한다. 손톱 깨물지 마라. 구슬이 밥 줬냐? 물도 줘라. 소리내지 말고 살살 다녀라. 물통 꺼내놔라. 물은 왜 남겼냐. 어제도 목욕 안하고 잤지? 오늘은 꼭 씻고 자라. 팬티도 갈아입고. 바지 뒤집어 벗어 놓지 마라. 머리 잘 헹궈라. 샴푸 조금만 짜서 써라. 귀 뒤에 거품 있다. 다시 헹궈라. 양치질 해라. 치실 했냐? 양치 다시 해라. 너 기침하더라. 가글도 해라. 팬티 갈아입었냐? 내복은 어제 입은거 입어라. 빨래 가져가라. 가방 챙겼냐? 방과후 준비물 제대로 확인해라. 일기장이랑 알림장 챙겨 넣어라. 내일 입을 체육복 꺼내놔라. 책 읽어라. 만화책 말고. 안 들린다. 큰 소리로 또박또박 읽어라. 물 컵은 하나만 써라. 먹으면 물로 꼭 헹궈서 엎어둬라. 자기 전에 뭐 먹으면 안 되지. 양치 다시 해라. 조끼 입고 자라. 춥다. 9시다. 얼른 자라.

- 동동이 아빠가 하는 잔소리 중에서 '가장 듣기 싫은 잔소리'를 따라 적어 보세요.

- 우리 부모님이 나에게 하는 잔소리 중에서 '가장 듣기 싫은 잔소리'를 낱말이나 그림으로 나타내 보세요.

- 짝꿍과 함께 '잔소리'에 대해 이야기를 나눠 보세요.

- 부모님의 속마음은 동동이 아빠처럼 '사랑해'라는 것을 알고 있나요? 내가 '부모님께 듣고 싶은 말'을 낱말이나 그림으로 나타내 보세요.

- 짝꿍과 함께 '부모님께 듣고 싶은 말'을 살펴보며 이야기를 나눠 보세요.

나만의 알사탕 만들기

- 오늘 공부한 『알사탕』에는 여러 가지 마법의 알사탕이 나와요. 알사탕 중에서 내가 먹고 싶은 알사탕을 그려 보고 그 이유를 낱말이나 그림으로 나타내 보세요.

- 『알사탕』에 나오는 마법의 알사탕을 다 먹고 나만의 새로운 마법의 알사탕을 그려 보세요. 그 알사탕에는 어떤 마법이 있는지 낱말이나 그림으로 나타내 보세요.

　　예시) 이 알사탕을 먹으면 내 친구의 마음의 소리를 들을 수 있다.
　　　　 이 알사탕을 먹으면 우리 학교선생님의 마음의 소리를 들을 수 있다.

- 친구들이 그린 마법의 알사탕을 살펴보고 가장 기억에 남는 친구의 알사탕과 그 이유를 낱말이나 그림으로 나타내 보세요.

깜박깜박 도깨비

권문희 글·그림, 사계절

🏅 어린이도서연구회 권장도서
🏅 학교도서관사서협의회 추천도서

『깜박깜박 도깨비』는 매일 깜박깜박하는 도깨비 친구의 이야기입니다. 옛날에 부모 없이 혼자서 근근이 살아가는 아이가 있었답니다. 아이는 힘들게 일 하고 번 돈을 가지고 집으로 돌아가는 길에 돈을 꿔달라는 도깨비를 만나게 됩니다. 아이가 도깨비에게 돈을 꿔주면서 도깨비와의 행복한 인연이 시작됩니다. 깜박깜박 자꾸 자기가 돈을 갚은 것을 잊어버리고 매일 매일 꾼 돈을 갚아야 한다는 도깨비! 과연 도깨비와 아이는 어떻게 되었을까요?

이 책을 통해 아이들이 우리 전래 동화에 자주 등장하는 도깨비에 대해 호기심을 가지면 좋겠습니다. 도깨비와 친구가 된 주인공! 친구란 무엇인지, 그리고 나는 어떤 친구인지 생각해 보길 바랍니다.

독서 활동 만나보기

- 도깨비 생각 그물
- 시 쓰기
- 질문 만들어 대화하기
- 도깨비 나라 노래 부르기
- 도깨비방망이 만들기
- 소원 빌기
- 기억에 남는 장면 그리기
- 도깨비 인터뷰하기
- 도깨비탈 만들기
- 편지쓰기

도깨비 생각 그물

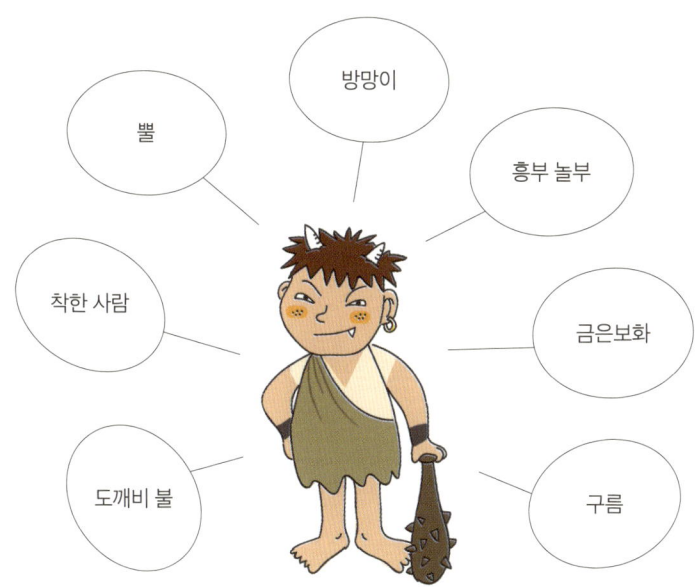

생각 그물은 중심 개념에서부터 관련된 아이디어를 시각적으로 표시해 나가는 활동입니다. 생각 그물을 그리는 방법은 19쪽에 자세히 나와 있습니다.

※ 1학년 아이들과의 생각 그물은 중심 이미지나 중심 말에서 방사형으로 생각을 뻗어나가는 것에서부터 시작합니다. 중심 이미지나 중심 말에서 소주제로 내용을 확장해서 뻗어나가는 토니 부잔의 마인드맵은 생각 그물이 어느 정도 익숙해지면 시작합니다.

시 쓰기

도깨비 생각 그물로 도깨비 관한 이야기를 충분히 나눈 뒤 기억나는 낱말을 정리해 봅니다. 도깨비와 관련된 낱말을 가지고 나만의 시를 써봅니다. 1학년은 시의 즐거움을 느끼는 것에 목적이 있으므로 문법적인 접근을 하지 않도록 합니다. 자신의 느낌을 시로 표현하며 시를 즐겁게 경험하는 것에 중점을 둡니다.

먼저 도깨비 하면 생각나는 낱말을 적어 봅니다.

내가 적은 낱말로 시를 적어 봅니다.

- 예시

생각나는 낱말 : 도깨비 불, 착한 사람, 도깨비

신기한 도깨비

도깨비는 신기해!

불도 나오고!

> 착한 사람만 보이는
>
> 도깨비!
>
> 나는 착한 사람일까?
>
> 아닐까?

질문 만들어 대화하기

앞에서 배운 사실 질문과 상상 질문으로 『깜박깜박 도깨비』를 만나 봅니다. 사실 질문과 상상 질문을 만들고 대답하는 활동을 꾸준히 하게 되면 책을 읽을 때 내용을 좀 더 꼼꼼하게 살펴볼 수 있습니다. 사실 질문과 상상 질문을 만드는 방법은 38쪽에 자세히 나와 있습니다.

도깨비 나라 노래 부르기

1학년의 독서 수업은 책읽기에만 그치지 않고 노래와 율동, 연극, 그림 그리기 등 다양하고 통합적인 활동과 함께 합니다. 도깨비 나라 노래를 듣고 다 같이 따라 불러 봅니다. 인터넷에 있는 영상을 활용하여 노래를 배워볼 수 있습니다. 어느 정도 노래에 익숙해지면 마지막 부분에서 도깨비방망이를 휘두르는 동작을 하며 노래를 불러 봅니다. 아이마다 자기가 표현하고 싶은 다양한 동작을 해볼 수 있도록 합니다. 노래가 익숙해지면 마지막 부분의 가사를 바꿔 노래를 불러 봅니다.

도깨비방망이 만들기

 무엇이든 뚝딱 나오고 나의 소원을 들어주는 도깨비방망이! 아이들은 소원을 들어주는 방망이를 너무나 갖고 싶어 합니다. 아이들과 함께 도깨비방망이를 만들어 봅니다. 긴 풍선이나 스티로폼, 아이클레이 등 다양한 재료를 활용하여 만들 수 있습니다. 과학 교구를 파는 곳에서 불빛이 나오는 도깨비방망이 키트로 만들어 볼 수도 있습니다. 도깨비방망이를 만든 후, 만든 도깨비방망이로 친구나 가족의 소원을 들어주는 소원 빌기 활동을 해봅니다.

도깨비방망이 키트 활용 예

소원 빌기

 도깨비 관련 책을 읽으면 '나도 도깨비를 만나서 도깨비방망이를 갖고 싶다'라는 생각이 들 때가 있습니다. 도깨비에게 빌고 싶은 소원이 무엇인지 아이들의 마음을 살펴봅니다. 나의 소원을 적고 그 소원을 비는 이유를 간단하게 낱말이나 그림으로 표현해 봅니다.

 친구와 가족의 소원을 들어주는 활동은 물질적 소원이나 심부름 같은 것은 제외합니다. 친구와 가족의 소원을 들어주기 위한 나만의 방법을 적어 봅니다. 친구와 가족의 소원을 들어주기 위해 내가 어떤 노력을 해야 하는지도 적어 봅니다. 이 활동을 통해 아이들은 내가 다른 사람에게 도움을 줄 수 있는 중요하고 의미 있는 존재라는 공헌감을 느낄 수 있습니다.

예시)

나의 첫 번째 소원

엄마, 아빠, 나 행복하게!

기억에 남는 장면 그리기

독서 수업에서 그림책으로 친구들과 이야기를 나누며 다양한 생각과 만난 우리 아이들의 관점을 다시 '나에게'로 맞추는 활동입니다. 기억에 남는 장면을 미리 머릿속으로 생각해 보고 자신의 생각을 정해진 시간에 맞춰 빠르게 그려 보는 활동입니다. 그림을 다 그린 후 짝꿍과 함께 서로 그린 그림이 무슨 장면인지 맞혀 봅니다. 장면을 맞추지 못하면 그림을 그린 아이가 설명을 해줍니다. 짝꿍과 이야기가 끝나면 모둠 친구들과 만나 무슨 장면인지 맞혀보는 활동으로 넘어갑니다. 모둠원끼리 순서를 정해 차례대로 한 명씩 자신의 그림을 보여 줍니다. 나머지 친구들은 그림을 들고 있는 친구가 그린 장면이 무슨 장면인지 맞혀 봅니다. 모둠 활동이 끝나면 칠판에 아이들의 그림을 붙이고 서로 무슨 장면인지 맞혀보는 놀이를 합니다.

아이들이 그린 기억에 남는 장면의 그림을 칠판에 무작위로 붙인 다음, 아이들이 칠판으로 나와 이야기의 시간 순서에 따라 그림을 정리해 보는 활동은 1, 2학년군 국어과 성취 기준에 있는 '일이 일어난 순서를 고려하며 듣고 말한다.'에 적합한 활동입니다. 일이 일어난 순서에 따라 정리하는 활동이 어려운 경우, 교사가 아이들에게 시간 순서를 물어보며 칠판에 있는 그림을 옮겨보면 좋습니다.

도깨비 인터뷰하기

기자가 인터뷰를 할 경우, 인터뷰할 인물에 대해 미리 알아보고 조사를 한 후 인터뷰를 합니다. 이전까지의 독서 활동 초점이 깜박깜박 도깨비와 소년에게 맞춰져 있었다면, 인터뷰하기 활동은 제 3자인 염라대왕의 입장이 되어 깜박깜박 도깨비에게 어떤 질문을 할지 생각하면서 아이들이 도깨비를 좀 더 객관적으로 볼 수 있게 합니다. 인터뷰할 질문을 다 만든 후에는 짝꿍과 함께 질문하고 답하는 활동을 합니다. 한 명은 염라대왕 역할을 맡고 다른 한 명은 도깨비 역할을 맡아 질문과 답을 합니다. 질문을 하기 위해서는 염라대왕의 입장도 되어 보고 질문에 대답하기 위해서는 도깨비의 입장도 되어 봅니다.

짝꿍과 도깨비 인터뷰하기를 해본 뒤에는 자기가 만든 질문으로 다른 친구들을 만나 다양한 대답을 들어봅니다. 활동지에는 없지만 아이가 나이가 들어서 죽은 뒤 하늘나라에 가서 염라대왕과 도깨비를 만나는 상황도 추가해서 해보는 것도 좋습니다.

도깨비탈 만들기

도깨비하면 다양한 얼굴 모습이 떠오릅니다. 무섭고 눈이 하나뿐인 도깨비, 뿔이 세 개인 도깨비, 귀여운 아기 도깨비 등등 아이들이 저마다 생각하는 도깨비의 얼굴은 다릅니다. 자기가 생각하는 도깨비 얼굴 모습으로 도깨비탈을 만들어 봅니다. 물감으로 색칠하는 것이 익숙지 않는 1학년 아이들을 위해 플레이콘을 활용하면 좋습니다. 도깨 탈을 구입한 뒤 플레이콘으로 색을 칠하고 붙여서 나만의 도깨비탈을 완성합니다.

예시) 플레이콘을 이용한 도깨비탈 만들기
- 도깨비탈과 플레이콘을 구입합니다.
- 도깨비탈을 어떻게 꾸밀지 종이에 먼저 디자인을 해봅니다.

- 디자인한 종이를 보며 플레이콘에 물을 조금씩 묻혀서 도깨비탈을 색칠합니다.
- 색을 다 칠한 뒤에는 플레이콘에 물을 살짝 묻혀서 도깨비탈에 붙입니다.
- 입체적으로 도깨비탈을 만들 수 있습니다.
- 얼굴을 다 만든 뒤에는 고무줄로 연결해서 완성합니다.

편지쓰기

『깜박깜박 도깨비』를 다 읽고 책을 덮어도 아이들은 벌을 받고 내려와서 주인공 소년을 찾아 헤매는 도깨비를 안타까워합니다. 도깨비에게 나의 안타까운 마음을 전달하는 방법에는 여러 가지가 있습니다. 그중에서 손편지를 통해 나의 마음을 전달해 봅니다. 교과서에 나온 편지 쓰는 순서에 맞게 편지를 쓸 수 있도록 지도합니다. 하지만 아직 글쓰는 것에 익숙하지 않는 1학년 학생들의 경우, 간단한 낱말이나 그림으로 자신의 마음을 전달할 수 있도록 하면 좋습니다.

독서 활동 실천하기

생각 그물

- '도깨비' 하면 떠오르는 생각을 생각 그물에 낱말이나 그림으로 나타내 보세요.

- 생각 그물에 적은 낱말을 활용해서 '도깨비'에 관한 간단한 글을 적어 보세요.

- 친구들의 생각 그물을 살펴보며 이야기를 나눠 보세요.

시 쓰기

- '도깨비' 하면 떠오르는 낱말과 친구와의 이야기를 잘 생각하면서 '도깨비'와 관련된 나의 생각과 느낌을 시로 적어 보세요.

예시)

도깨비방망이

금나와라...	나도 그런
뚝딱!	방망이 하나
은나와라...	갖고 싶다.
뚝딱!	뚝딱! 뚝딱!

- 친구들과 시를 교환해서 읽어 보세요.

질문 만들어 대화하기

예시를 보면서 질문을 만들어 보세요.

> **예시)** 사실 질문 : '돈 서 푼'에서 서 푼은 몇 개를 의미하나요?
>
> 상상 질문 : 도깨비는 하늘나라에 가서 어떤 벌을 받을까요?

- 『깜박깜박 도깨비』에서 사실 질문 2개를 낱말이나 그림으로 나타내 보세요.

- 『깜박깜박 도깨비』에서 상상 질문 2개를 낱말이나 그림으로 나타내 보세요.

질문과 놀아보기

- 짝꿍과 '질문하고 답하기' 활동을 해보세요.

- 모둠 친구들과 '질문하고 답하기' 활동을 해보세요.

- 전체 친구들과 함께 나누고 싶은 질문을 말해 보세요.

도깨비 나라 노래 부르기

- 『깜박깜박 도깨비』의 주인공은 도깨비예요. 도깨비가 사는 나라는 어떤 나라인지 생각하며 '도깨비 나라' 노래를 불러 보세요.

도깨비나라

박태준 작곡

이상하고 아름다운 도깨비 나라
방망이로 두드리면 무엇이 될-까
금 나와라와라 뚝-딱 은 나와라와라 뚝-딱

- 다 같이 신나게 노래를 불러 보세요.

- '금 나와라와라 뚝–딱 은 나와라와라 뚝–딱'의 노랫말을 도깨비방망이를 휘두르는 동작을 하면서 노래를 불러 보세요.

- '금 나와라와라 뚝–딱 은 나와라와라 뚝–딱'의 가사를 바꿔서 노래를 불러 보세요.(글자 수를 맞춰서 가사를 바꿔 주세요)

금 나와라 와라	

은 나와라 와라	

도깨비방망이 만들기

- 도깨비방망이는 다른 사람들의 소원을 들어주는 신기한 방망이에요. 풍선과 여러 재료를 활용하여 나만의 도깨비방망이를 만들어요. 도깨비방망이를 어떻게 만들 것인지 그림을 그리고 재료를 적어 보세요.

- 위에 그린 그림을 보면서 '나만의 도깨비방망이'를 만들어 보세요.

- 친구들의 도깨비방망이를 살펴보세요.

소원 빌기

- 3가지 소원을 들어주는 도깨비방망이가 있다면, 빌고 싶은 나의 소원 3가지와 그 이유를 낱말이나 그림으로 나타내 보세요.

  예시) 나의 첫 번째 소원

  나는 우리 가족이 모두 건강하게 오래오래 사는 것이 첫 번째 소원이야. 왜냐하면 가족은 다 같이 있어야 행복할 것 같아.

  나의 첫 번째 소원

  나의 두 번째 소원

  나의 세 번째 소원

- 짝꿍과 함께 내가 적은 3가지 소원과 그 이유에 대해 이야기를 나눠 보세요.

- 내가 만든 도깨비방망이로 친구나 가족의 소원을 들어주기로 해요. 내가 들어줄 수 있는 소원만 적어 보세요.(심부름이나 돈과 관련된 소원은 들어줄 수 없어요)

이름	
소원	

이름	
소원	

- 위에 적은 '친구나 가족의 소원'을 어떻게 들어줄 것인지 소원을 들어줄 방법을 낱말이나 그림으로 나타내 보세요.

_____의 소원을 들어줄 나만의 방법	_____의 소원을 들어줄 나만의 방법

기억에 남는 장면 그리기

- 『깜박깜박 도깨비』를 읽고 친구들과 이야기를 나눠 보았어요. 『깜박깜박 도깨비』에서 가장 기억에 남는 장면을 그려 보세요. (시간을 정확히 재면서 합니다)

- 이 장면이 가장 기억에 남는 이유를 낱말이나 그림으로 나타내 보세요.

- 모둠에서 한 명씩 자기가 그린 장면을 친구들에게 보여주고 어떤 장면을 그린 것인지 맞혀 보세요.

도깨비 인터뷰하기

- 깜박깜박 도깨비가 하늘나라에 가서 염라대왕을 만난다고 해요. 내가 염라대왕이 되어서 깜박깜박 도깨비에게 할 질문을 말해 보세요.

	인터뷰할 질문
	1.
	2.

- 인터뷰 질문을 다 만들었으면 짝꿍과 '인터뷰하기' 활동을 해보세요. 깜박깜박 도깨비와 염라대왕 역할을 번갈아 맡아서 질문하고 답을 합니다. 도깨비의 마음으로 염라대왕의 질문에 대답해 보세요.

도깨비의 대답
1.
2.

- 다른 친구와 '인터뷰하기' 활동을 해보세요. 도깨비와 염라대왕의 역할에 맞게 잘 생각하고 대답해 보세요.

도깨비의 대답
1.
2.

도깨비탈 만들기

『깜박깜박 도깨비』에서 만난 도깨비처럼 우리도 도깨비탈을 만들어 보세요. 예시 작품을 잘 보고 도깨비탈을 만들어 보세요.

- 플레이콘을 이용하여 어떻게 그리고 붙일지 생각하며 도깨비탈을 디자인해 보세요.(플레이콘은 물을 묻혀 물감처럼 색칠할 수도 있고, 물을 묻혀서 탈에 붙일 수도 있어요)

- 내가 디자인한 그림을 바탕으로 도깨비탈을 만들어 보세요.

편지쓰기

깜박깜박 도깨비는 하늘나라에서 벌을 다 받고 내려와 또다시 주인공에게 꿔간 물건을 갚겠다고 찾아다니고 있어요. 깜박깜박 도깨비에게 편지를 써서 다 갚았다는 내용을 알려주도록 해요. 예시를 잘 보면서 편지를 쓰세요.

받는이	공룡에게
첫인사	안녕 공룡아!
자기소개	나는 공룡 초등학교에 다니는 김미소라고 해.
하고 싶은 말 궁금한 점	나는 네가 달을 100개 먹었을 때 너무 걱정이 되었어. 다음부터는 아프니까 먹지 마.
끝인사	엄마랑 잘 지내고 건강해.
날짜와 보내는 이	20☆☆. 4. 5. ○○에서 김미소가

받는이	
첫인사	
자기소개	
하고 싶은 말 궁금한 점	
끝인사	
날짜와 보내는 이	

이상한 엄마

백희나 글·그림, 책읽는곰

🏅 어린이도서연구회 권장도서
🏅 어린이도서연구회 선정
   어린이, 청소년 추천도서

　『이상한 엄마』는 회사에 있는 엄마에게 호호가 열이 심해 학교에서 조퇴했다는 전화가 걸려 오면서 시작되는 이야기입니다. 회사에서 조퇴하기가 힘든 엄마는 호호를 돌봐줄 사람을 구하기 위해 여기저기 전화를 해봅니다. 엄마가 전화기를 붙들고 발을 동동 구른 지 한참 만에 드디어 전화기 너머에서 희미하게 "여보세요?" 하는 소리가 들려옵니다. 호호 엄마는 전화가 연결된 사람이 호호의 외할머니라고 굳게 믿고 호호를 부탁한 뒤 전화를 끊습니다. 이 이상한 엄마는 과연 호호를 잘 돌봐 줄 수 있을까요?

　이 책을 통해 아플 때 나의 마음을 생각해 보고, 나의 곁에 있어 주는 누군가에게 감사하는 마음을 가져 봅니다. 함께 한다는 것의 소소하고 따뜻한 행복의 의미를 느낄 수 있기를 바랍니다.

독서 활동 만나보기

- 브레인 라이팅
- 질문 만들어 대화하기
- 감정 살펴보기
- 감정 맞히기 놀이
- 써클맵
- 집안일 알아보기
- 편지쓰기

브레인 라이팅

떠오르는 다양한 아이디어를 글로 써서 표현하는 기법으로 브레인스토밍과 비슷하지만, 발언에 소극적인 친구들의 참여까지 이끌어낼 수 있는 활동입니다. 아이디어 생성과 집단사고의 이중효과를 얻을 수 있으며 언제든 수정할 수 있으므로 학습자의 부담이 낮은 토론법입니다. 학생들의 참여도가 높고 다양한 방법으로 응용할 수 있습니다. 1학년은 브레인 라이팅으로 토론을 하기보다는 자신의 다양한 아이디어를 표현하고 친구들의 아이디어를 들으며 서로 아이디어를 공유하는 정도로만 활동을 진행합니다.

- 방법
① 주제 제시: 주제에 대한 배경 지식을 공유하고 주제를 이해했는지 확인합니다.
② 개인 의견 적기: 주제에 대한 자신의 아이디어를 포스트잇에 적습니다.
③ 의견 분류하기: 아이디어를 발표하고 비슷한 것끼리 모아서 분류합니다.
④ 전체와 공유하기: 반 친구들과 아이디어를 공유합니다.

- 예시

① '엄마' 하면 떠오르는 색깔로 '엄마'를 표현해 봅니다.
② 다음에는 향기로 '엄마'를 표현해 봅니다.
③ 짝꿍과 함께 '엄마' 하면 생각나는 낱말을 이야기 나눕니다.
④ '엄마' 하면 떠오르는 낱말을 짝꿍과 함께 브레인 라이팅 기법으로 적어 보거나 모둠원이 함께 모여 적어봐도 좋습니다.

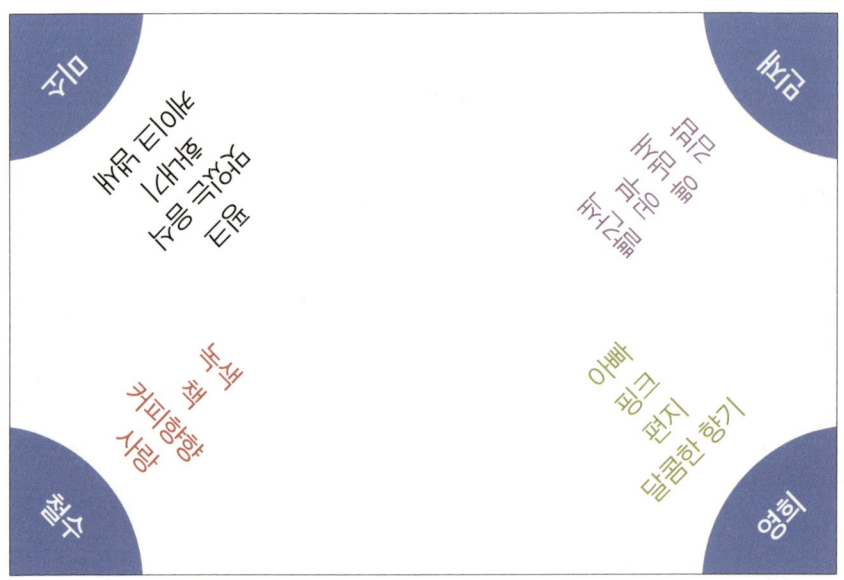

질문 만들어 대화하기

앞에서 배운 사실 질문과 상상 질문으로 『이상한 엄마』를 만나 봅니다. 사실 질문과 상상 질문을 만들고 대답하는 활동을 꾸준히 하게 되면 책을 읽을 때 내용을 좀 더 꼼꼼하게 살펴볼 수 있습니다. 사실 질문과 상상 질문을 만드는 방법은 38쪽에 자세히 나와 있습니다.

감정 살펴보기

　감정이라는 단어가 낯선 아이들과 감정에 대해 이야기를 나눌 때는 감정이라는 단어보다 아이들에게 익숙한 '기분'과 '느낌', '마음' 등으로 시작하는 것이 좋습니다. 하지만 자기 자신의 기분과 느낌, 마음을 표현해 보았던 경험이 없어 그 조차도 어색할 경우에는 아이들에게 친근한 날씨나 숫자, 좋아하는 캐릭터 등으로 자신의 기분과 마음 등을 표현해 보게 할 수 있습니다. 아이들과 감정에 관한 활동을 꾸준히 하는 것이 좋습니다. 감정 차트를 아이들과 매일 살펴보며 감정에 어떤 것들이 있는지 함께 알아 가는 것도 좋은 방법입니다. 아이들과 함께 감정을 알아가는 활동은 41쪽에 자세히 나와 있습니다.

　이번 활동에서는 그림책의 장면을 통해 주인공 호호의 감정을 생각해 봅니다. '이런 상황의 호호는 어떤 마음일까?'를 생각하다 보면 어느새 호호에게 감정 이입을 하게 되면서 자연스럽게 역지사지의 마음을 알게 됩니다. 호호의 감정을 이해한 다음에는 감정 맞히기 놀이를 통해 감정에 대해 알아 갑니다.

감정 맞히기 놀이

　서로의 경험을 나누며 감정을 공유하는 과정에서 아이들은 자연스럽게 '공감'이라는 것을 배웁니다. 서로의 이야기 속에서 "나도 그랬어", "나만 그런 것이 아니었네"라며 감정을 이해하고 공감하는 마음이 커지게 됩니다. 1학년 아이들은 놀이를 통해 감정을 자연스럽게 익혀 갑니다. 감정 단어가 쓰여 있는 감정 카드로 감정 맞히기 놀이를 해봅니다. 모둠별로 감정에 대해 서로 이야기를 나누고 그 감정을 역할극으로 준비해서 발표하고 맞히기 활동이기 때문에 다른 모둠에게 들리지 않도록 조용하게 활동합니다.

- 방법
① 교사는 아이들이 자주 경험하는 감정 단어 위주로 감정 카드를 준비합니다.

모둠이 4개일 경우 감정 카드도 4개 준비합니다.

② 모둠마다 감정 카드를 나눠 줍니다. 다른 모둠의 감정을 맞히는 활동이기 때문에 선생님께 받은 감정 카드의 감정을 다른 모둠이 듣지 않게 조용히 활동합니다.

③ 선생님께 받은 감정 카드의 감정을 느꼈던 경험을 서로 이야기 나누게 합니다.

예시) 1모둠은 선생님께 '화남'이라는 감정 카드를 받았고 모둠원끼리 화났던 경험을 함께 이야기 나눕니다.

④ 서로의 경험을 나눈 뒤, 역할극으로 표현하고 싶은 친구의 경험을 하나 정합니다.

예시) 1모둠은 철수의 경험 '동생하고 둘이 싸웠는데 엄마가 나만 혼냈어'를 골랐습니다.

⑤ 역할극에서 맡을 역할을 조용히 정하고 연습을 합니다. 연습할 시간은 아이들의 상황을 보며 교사가 결정해서 안내해 줍니다.

예시) 1모둠에서 철수는 철수 역할을, 민건이는 동생 역할을, 민재는 엄마 역할을, 장영이는 아빠 역할을 하기로 정하고 철수가 화난 상황을 연습합니다.

⑥ 연습이 끝나면 한 모둠씩 나와 역할극을 합니다. 역할극이 끝나면 어떤 감정을 표현한 것인지 맞혀볼 수 있도록 합니다.

예시) 1모둠의 역할극이 끝나면 다른 모둠은 1모둠이 표현한 감정이 어떤 감정인지 모둠원끼리 상의한 후 선생님의 신호에 따라 1모둠의 감정을 맞혀 봅니다. 1모둠이 끝나면 2모둠이 나와서 역할극으로 감정을 표현하고 다른 모둠은 2모둠이 표현한 감정을 맞혀 봅니다.

⑦ 감정 맞추기 놀이가 끝난 후에는 우리 모둠을 제외하고 가장 기억에 남는 모둠의 감정을 낱말이나 그림으로 표현해 보도록 합니다.

써클맵

어떤 주제에 대한 개념을 생각이나 경험을 바탕으로 정의하는 방법입니다. 1학년의 경우 다양한 생각을 공유하고 각자가 생각하는 주제를 정리하는 정도로 활용합니다.

- 방법
① 큰 종이 가운데 원을 그립니다.
② 원 안에 주제를 씁니다.
③ 주제에 대해 떠오르는 경험을 적습니다.
④ 이야기를 공유합니다.
⑤ 주제에 대한 우리 모둠의 정의를 내립니다.

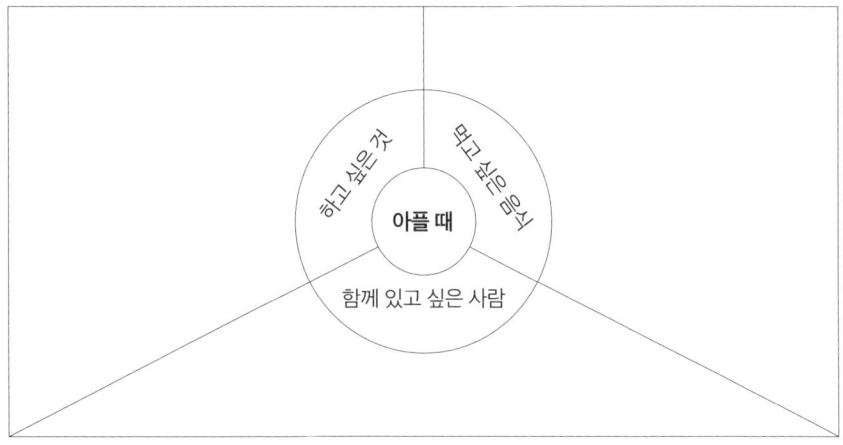

- 예시
① 1학년의 경우 써클맵을 그리는 것이 힘들고 시간도 많이 걸립니다. 활동을 하기 전 선생님이 미리 써클맵을 그려두는 것이 좋습니다.
② 모둠에서 '아플 때'라는 주제를 적고 서로가 아팠던 경험을 이야기합니다. "나는 감기 걸려서 아팠어.", "나는 비염 때문에 계속 아파.", "나는 다리가

베어서 정말 아팠어."
③ 모둠 중 한 명이 사회자 역할을 하며 각각의 주제에 대해 이야기를 나누고 각자 자신의 이야기를 낱말로 적어 봅니다.

"아플 때 하고 싶은 것은 무엇이 있니?"에 대한 이야기를 나누며 중요한 낱말을 적습니다.

"아플 때 뭐가 제일 먹고 싶었어?", "아플 때 누구랑 있고 싶어?"에 대한 이야기를 나누며 중요한 낱말을 적습니다.
④ 우리 모둠에서 적은 내용을 살펴봅니다. 가장 기억에 남는 낱말에 색칠을 해도 좋습니다.

집안일 알아보기

1학년 통합 교육과정에서는 나와 가족에 대해 배웁니다. 나와 가족을 공부하며 가족의 역할에 대해 알아 갑니다. 여전히 가족의 역할에서 집안일은 엄마에게 치우치는 경우가 많습니다. 회사 일에 자녀 돌보기, 식사와 청소까지 끝도 없는 집안일까지 엄마의 집안일에 대해 함께 이야기를 나눠 봅니다. 친구들과 서로 이야기를 나누며 친구들이 집에서 하는 집안일을 살펴볼 수 있도록 합니다. 친구들의 이야기를 들으며 엄마가 하는 집안일 중에서 내가 할 수 있는 일은 무엇인지 생각해 보고 찾아보게 합니다. 집안일 쿠폰으로 엄마 대신 집안일을 해 봅니다. 집안일은 엄마의 일이 아니라 가족 공동의 역할임을 다시 한번 이야기를 나눠 봅니다. 집안일 쿠폰을 사용한 다음 나는 어떤 느낌이 들었는지, 엄마와 가족들의 반응은 어떠한지 다시 한번 아이들과 이야기를 나눠 보면 좋습니다. 공헌감을 통해 나의 자존감과 소속감이 더 성장할 수 있습니다.

편지쓰기

독서 수업에서 독서 활동을 다 끝마친 후, 엄마가 나에게 해주시는 많은 것에 대해 생각해 보는 시간을 가져 봅니다. 항상 받기만 하는 내가 엄마께 나의 마음을 전달하는 방법 중에서 손편지를 통해 나의 마음을 전달해 봅니다. 교과서에 나온 편지 쓰는 순서에 맞게 짧지만 순서를 지키면서 편지를 쓸 수 있도록 지도합니다.

- 예시

받는이	엄마께
첫인사	엄마, 안녕하세요.
자기소개	엄마의 귀염둥이 민지에요.
하고 싶은 말 궁금한 점	집안일을 배우고 엄마께 정말 미안했어요. 그리고 엄마가 얼마나 나를 위해 애쓰셨는지 알게 되었어요. 엄마, 항상 감사하고 사랑해요.
끝인사	더 공부 잘하고 착한 딸이 될게요.
날짜와 보내는 이	20☆☆. 4. 5. 엄마 딸 민지 올림

| 독서 활동 실천하기 |

브레인 라이팅

- '우리 엄마'를 색깔로 표현한다면 어떤 색깔이 떠오르나요? 떠오르는 색깔과 그 색깔을 선택한 이유를 낱말이나 그림으로 표현해 보세요.

- '우리 엄마'를 향기로 표현한다면 어떤 향기가 떠오르나요? 떠오르는 향기와 그 향기를 선택한 이유를 낱말이나 그림으로 표현해 보세요.

- 짝꿍과 함께 '우리 엄마'에 대한 이야기를 나눠 보세요.

- '우리 엄마' 하면 떠오르는 것을 생각나는 대로 (브레인 라이팅) 낱말이나 그림으로 표현해 보세요.

- 앞에서 적은 '우리 엄마' 하면 떠오르는 단어를 보며 '우리 엄마'를 그려 보세요.

- 내가 그린 '우리 엄마'의 그림을 친구들에게 보여 주세요. 그림을 본 친구들은 그림에서 떠오르는 느낌을 낱말이나 그림으로 표현해 보세요.

질문 만들어 대화하기

예시를 참고하여 질문을 만들어 보세요.

예시) 사실 질문 : 주인공의 이름은 무엇인가요?

상상 질문 : 내가 아프고 열이 나서 집에 와야 하는데, 엄마 아빠가 직장을 다녀서 집에 아무도 없다면 어떻게 하는 것이 좋을까요?

- 『이상한 엄마』에서 사실 질문 2개를 낱말이나 그림으로 나타내 보세요.

- 『이상한 엄마』에서 상상 질문 2개를 낱말이나 그림으로 나타내 보세요.

질문과 놀아보기

- 짝꿍과 '질문하고 답하기' 활동을 해보세요.

- 모둠 친구들과 '질문하고 답하기' 활동을 해보세요.

- 우리 반 친구들과 함께 나누고 싶은 질문을 낱말이나 그림으로 나타내 보세요.

감정 살펴보기

- 『이상한 엄마』에서 주인공 호호는 아파서 조퇴를 하고 집으로 갔어요. 아플 때 혼자 집으로 가는 호호는 어떤 마음일까요? 엄마가 집에 도착하기 전까지 호호의 감정을 살펴보아요.

호호의 모습		호호의 감정
예시) 비를 맞으며 혼자 집으로 가고 있는 호호		슬픔
집에 와서 이상한 엄마를 처음 본 호호		
맛있는 계란 국을 먹는 호호		
포근한 구름 위에서 잠 든 호호		

<감정 차트>

- 지금 나의 기분은 어떤가요? 기분은 하루에도 몇 번이나 변해요. 감정은 다양하고 우리는 매 순간 다른 감정들을 경험해요. 오늘 하루, 나의 감정은 어땠는지 감정 차트에서 찾아 적어 보세요.

오늘 나의 하루	감정
예시) 아침에 밥을 잘 먹었다고 칭찬을 받았다.	신난

감정 맞히기 놀이

나의 감정을 알게 되면 다른 친구들의 감정도 이해하기가 쉬워요. 감정을 맞히는 감정 놀이를 해보세요.

- 선생님이 나눠 준 감정 카드의 감정을 느꼈던 적이 있나요? 나의 경험을 낱말이나 그림으로 표현해 보세요.

- 모둠원과 함께 서로가 적은 경험을 이야기 나눠 보세요.

- 모둠 친구들의 경험 중 그 감정을 역할극으로 표현하기 가장 좋은 친구의 경험을 고르세요.

- 선택한 감정으로 5분 동안 역할극을 연습하세요.(다른 모둠원이 듣지 않도록 조용하게 연습합니다)

- 모둠에서 연습한 감정 역할극을 발표해 봅니다. 다른 모둠에서 발표하는 감정 역할극을 잘 보고 무슨 감정인지 감정 차트를 보며 맞혀 보세요.

- 우리 모둠을 제외하고 가장 기억에 남는 모둠의 감정 역할극과 그 이유를 낱말이나 그림으로 표현해 보세요.

써클맵

『이상한 엄마』에서 주인공 호호는 아파서 조퇴를 하고 집으로 갔어요. 다행히 이상한 엄마가 몸이 아픈 호호를 잘 보살펴 주셨어요. 몸이 아플 때 어떻게 하고 싶은지 친구들과 함께 이야기를 나눠 보세요.

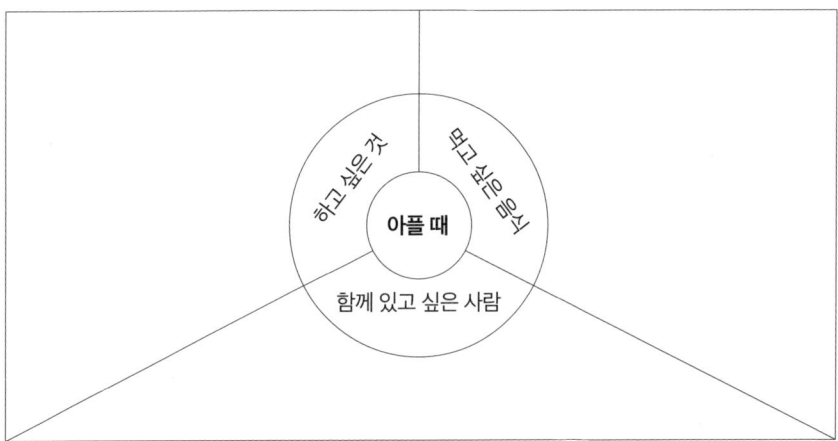

- 내가 아팠던 경험을 낱말이나 그림으로 표현해 보세요.

- 아플 때 내가 먹고 싶은 음식과 그 이유를 낱말이나 그림으로 표현해 보세요.

- 아플 때 내가 하고 싶은 것과 그 이유를 낱말이나 그림으로 표현해 보세요.

- 아플 때 내가 함께 있고 싶은 사람과 그 이유를 낱말이나 그림으로 표현해 보세요.

- 친구들과 서로 써클맵으로 이야기를 나눠 보세요.

- 가장 기억에 남는 친구의 이야기를 낱말이나 그림으로 표현해 보세요.

- 아플 때는 어떻게 하는 것이 좋은지 낱말이나 그림으로 표현해 보세요.

집안일 알아보기

엄마는 우리를 위해 많은 일을 하고 있어요. 엄마가 하는 여러 일 중에는 집안일도 있어요. 여러 가지 집안일 중에서 엄마가 하는 일과 내가 하는 일을 찾아 적어 보세요.(여기에 없는 집안일을 써도 좋아요)

식사 준비, 바닥 청소, 빨래 널기, 설거지, 침대 이불 정리, 다림질, 쓰레기 분리수거, 바닥 닦기, 수저 놓기, 물 챙기기, 빨래 정리, 식탁 정리, 간식 준비, 장보기, 냉장고 정리하기, 쓰레기통 비우기, 애완동물 보살피기, 내 숙제 확인해 주기

- 엄마가 하는 일

- 내가 하는 일

- 친구들이 하는 집안일을 살펴보세요.

- 가장 기억에 남는 친구의 집안일과 그 이유를 낱말이나 그림으로 표현해 보세요.

- 엄마가 하는 집안일 중에서 내가 할 수 있는 일을 찾아서 낱말이나 그림으로 표현해 보세요.

- 내가 할 수 있는 집안일을 쿠폰으로 만들어 엄마께 선물해 주세요.

──────────────── 오리기 ────────────────

예시) 집안일 쿠폰 : 쓰레기통 비우기 - 이 쿠폰은 엄마만 쓸 수 있어요!!	20 년 월 일까지

편지쓰기

항상 고마운 엄마께 나의 마음을 전해보세요. 편지 쓰는 순서를 잘 보며 편지를 써보세요.

받는이	공룡에게
첫인사	안녕 공룡아!
자기소개	나는 공룡 초등학교에 다니는 김미소라고 해.
하고 싶은 말 궁금한 점	나는 네가 달을 100개 먹었을 때 너무 걱정이 되었어. 다음부터는 아프니까 먹지 마.
끝인사	엄마랑 잘 지내고 건강해.
날짜와 보내는 이	20☆☆. 4. 5. ○○에서 김미소가

받는이	
첫인사	
자기소개	
하고 싶은 말 궁금한 점	
끝인사	
날짜와 보내는 이	

붉은 여우 아저씨

송정화 글, 민사욱 그림, 시공주니어

🏅 초등학교 1학년 교과서 수록도서
🏅 책둥이 추천도서

『붉은 여우 아저씨』는 늘 머리엔 붉은 모자를 쓰고, 어깨엔 붉은 가방을 걸치고, 몸에는 붉은 옷을 입고, 발에는 붉은 신발을 신어 '붉은 여우 아저씨'라 불리는 여우 아저씨의 이야기입니다. 붉은 여우 아저씨는 친구에게 무언가를 전해주기 위해 길을 떠납니다. 하지만 길에서 만난 대머리 독수리에게는 붉은 모자를, 버드나무에게는 붉은 신발을, 숭어에게는 붉은 가방을 빼앗기고 맙니다. 그리고 마지막 남은 붉은 옷은 추위에 떨고 있는 어린아이에게 나눠 줍니다.

이 책을 통해 자신의 것을 친구에게 준 붉은 여우 아저씨의 마음과 자신의 것을 다른 사람에게 내어주는 것에 대해 생각해 보면 좋겠습니다. 붉은 여우 아저씨와 만나는 친구를 보며 나에게 친구는 어떤 의미인지 다시 한번 돌아보는 마음을 가질 수 있기를 바랍니다.

독서 활동 만나보기

- 비주얼 씽킹
- 질문 만들어 대화하기
- 붉은 여우 아저씨의 물건
- 내 모습 살펴보기
- 브레인 라이팅
- 붉은 여우 아저씨의 입장 되어보기
- 짧은 동화책 만들기

비주얼 씽킹

자신의 생각을 글과 이미지 등을 통해 체계화하고 기억력과 이해력을 키우는 시각적 사고 방법입니다. 즉, 생각을 글과 그림으로 표현하고 나누는 것을 말합니다. 비주얼 씽킹 방법은 43쪽에 자세히 나와 있습니다.

선생님이 받은 선물과 감정을 예로 설명해 주면 좋습니다.

- 예시

선물	다이어리	팔찌
선물 비주얼 씽킹		
나의 기분이나 감정 비주얼 씽킹	화이팅!! (ง •_•)ง	

① 내가 받은 선물을 생각해 봅니다.
② 내가 받은 선물 중에서 가장 기억에 남는 선물을 그림이나 글, 이미지 등으로 표현합니다.(잡지에서 오려서 붙여도 좋습니다)
③ 선물을 받았을 때의 나의 감정 또한 그림이나 글, 이미지 등으로 표현해 봅니다. 예를 들어 "선생님이 친구에게 다이어리를 선물 받았을 때는 너무 기쁘고 신이 나는 감정이어서 비주얼 씽킹 칸에 화이팅!을 썼고 팔찌를 받았을 때의 감정은 하늘을 날아가는 것처럼 행복해서 파란 하늘을 그렸어!"라고 먼저 예시로 보여 줍니다.

질문 만들어 대화하기

앞에서 배운 사실 질문과 상상 질문으로 『붉은 여우 아저씨』를 만나 봅니다. 사실 질문과 상상 질문을 만들고 대답하는 활동을 꾸준히 하게 되면 책을 읽을 때 내용을 좀 더 꼼꼼하게 살펴볼 수 있습니다. 사실 질문과 상상 질문을 만드는 방법은 38쪽에 자세히 나와 있습니다.

붉은 여우 아저씨의 물건

책을 읽고 내용을 확인하며 정리해 봅니다. 붉은 여우 아저씨의 물건을 확인하고 그 물건을 나눠 가진 친구들을 연결해 봅니다. 붉은 여우 아저씨의 물건과 그 물건을 가져간 친구를 연결하면서 왜 친구들은 그 물건이 필요했는지도 다시 한 번 상기시켜 줍니다.

내 모습 살펴보기

이제 본격적으로 나눔의 의미를 배워 봅니다. 크고 비싼 것을 나눠 주는 것만이 나눔이 아니라 내가 가진 작은 것부터 나눔을 시작할 수 있다는 것을 생각해 봅니다. 지금 내 모습을 있는 그대로 그려 봅니다. 아이들에게 거울을 하나씩 주고 자기의 모습을 잘 살펴보면서 그려 보게 합니다. 예쁘게 그리기보다 나와 내

가 가지고 있는 물건들을 그대로 표현하는 데 중점을 둡니다. 안경이나 모자, 머리핀이나 끈, 책상 위의 물통, 사물함 속 색연필 등 나의 모습과 내가 지금 가지고 있는 물건을 그리고 적도록 합니다.

브레인 라이팅

떠오르는 다양한 아이디어를 글로 써서 표현하는 기법으로 브레인스토밍과 비슷하지만 발언에 소극적인 친구들의 참여까지 이끌어낼 수 있는 활동입니다. 아이디어 생성과 집단사고의 이중효과를 얻을 수 있으며 언제든 수정할 수 있으므로 학습자의 부담이 낮은 토론법입니다. 학생들의 참여도가 높고 다양한 방법으로 응용할 수 있습니다. 1학년은 브레인 라이팅으로 토론을 하기보다는 자신의 다양한 아이디어를 표현하고 친구들의 아이디어를 들으며 서로 아이디어를 공유하는 정도로만 활동을 진행합니다. 자세한 방법은 81쪽에 자세히 나와 있습니다.

- 예시
① 각자가 나의 소중한 물건이나 내가 좋아하는 물건을 생각나는 대로 낱말이나 그림으로 표현해 봅니다.
② 낱말이나 그림을 보며 서로 이야기 나눕니다.

붉은 여우 아저씨의 입장 되어보기

소중한 물건을 친구나 가족에게 나눠 주는 것은 저학년 아이들에게 매우 어려운 일입니다. 먼저 내가 붉은 여우 아저씨에게 받고 싶은 것에 대해 이야기를 나누며 선물을 받았을 때의 나의 마음을 친구나 가족도 느끼게 되면 얼마나 좋은지에 대해 충분히 함께 이야기 나눠 봅니다. 충분히 마음으로 이해가 된 다음 나의 소중한 물건을 친구나 가족에게 나눠 주는 활동을 해봅니다. 누군가에게 나의 것을 선물해 주는 기쁨을 통해 받는 기쁨과 주는 기쁨의 행복을 느낄 수 있을 것입니다.

짧은 동화책 만들기

나의 소중한 물건이나 좋아하는 물건을 브레인라이팅 기법으로 적은 후 그중에서도 어떤 물건을 친구나 가족에게 줄 것인지 생각해 봅니다. 선물할 물건을 누구에게, 왜 나눠줄지에 대해 적어보는 활동까지 끝나면 이제 여우 아저씨처럼 '내'가 주인공이 되어 친구나 가족에게 소중한 물건을 나눠주는 이야기를 만들어 봅니다. 다 나눠준 후에 어떤 기분이 드는지도 이야기에 담게 하면 내용이 더 풍부해집니다. 활동지에 있는 4칸을 이용해도 좋고 A4 2장이나 3장을 반으로 접어 스템플러로 고정해서 만든 빈 그림책 틀을 이용해도 좋습니다.

독서 활동 실천하기

비주얼 씽킹

내가 이제까지 받았던 선물에 대해 말해 보세요. 내가 받은 선물과 선물을 받았을 때의 나의 기분이나 감정을 '비주얼 씽킹'으로 표현해 보세요.

예시)

선물	다이어리	팔찌
선물 비주얼 씽킹		
나의 기분이나 감정 비주얼 씽킹		

선물		
선물 비주얼 씽킹		
나의 기분이나 감정 비주얼 씽킹		

- 짝꿍과 함께 내가 받은 선물과 그때의 나의 기분이나 감정 등을 '비주얼 씽킹'을 보며 이야기 나눠 보세요.

- 짝꿍의 이야기에서 가장 기억에 남는 선물과 그 이유를 낱말이나 그림으로 표현해 보세요.

- 친구들이 그린 '비주얼 씽킹'을 살펴보세요.

- 친구들의 이야기에서 가장 기억에 남는 선물과 그 이유를 낱말이나 그림으로 표현해 보세요.

- 내가 누군가에게 선물을 줄 수 있다면, 누구에게 어떤 선물을 주고 싶은지 낱말이나 그림으로 표현해 보세요.

질문 만들어 대화하기

예시를 참고하여 질문을 만들어 보세요.

예시) 사실 질문 : 대머리 독수리는 아저씨의 무엇을 가져갔나요?

상상 질문 : 친구에게 선물을 한다면 나의 어떤 물건을 선물로 줄 수 있나요?

- 『붉은 여우 아저씨』에서 사실 질문 2개를 낱말이나 그림으로 표현해 보세요.

- 『붉은 여우 아저씨』에서 상상 질문 2개를 낱말이나 그림으로 표현해 보세요.

질문과 놀아보기

- 짝꿍과 '질문하고 답하기' 활동을 해보세요.

- 모둠 친구들과 '질문하고 답하기' 활동을 해보세요.

- 우리 반 친구들과 함께 나누고 싶은 질문을 낱말이나 그림으로 표현해 보세요.

- 전체 친구들과 나누고 싶은 질문으로 친구들과 돌아가며 이야기를 해보세요.

붉은 여우 아저씨의 물건

- 붉은 여우 아저씨는 자신의 것을 친구들에게 다 나눠 주었어요. 누구에게 어떤 물건을 나눠주었는지 연결해 보세요.

여우 아저씨의 모자 · 　여우 아저씨의 신발 · 　　　　　여우 아저씨의 가방 · 　여우 아저씨의 옷 ·

· 숭어　　· 대머리 독수리　　· 아이　　· 버드나무

- 붉은 여우 아저씨는 자신의 소중한 물건을 필요한 친구들에게 나눠주었어요. 만약 내가 아저씨를 만난다면 나는 아저씨에게 무엇을 달라고 말하고 싶나요?

<내가 갖고 싶은 물건과 그 이유>

내 모습 살펴보기

- 지금 내 모습을 살펴보세요. 나의 모습과 내가 가지고 있는 것을 거울을 보며 그대로 그려 보세요.(안경, 머리끈, 머리핀, 모자, 옷, 가방에 있는 것 등을 다 그려 주세요)

- 지금 내가 가진 것 중에서 붉은 여우 아저씨에게 줄 수 있는 것이 있나요? 붉은 여우 아저씨에게 주고 싶은 물건과 그 이유를 낱말이나 그림으로 표현해 보세요.

붉은 여우 아저씨의 입장 되어보기(브레인 라이팅)

- 나의 소중한 물건이나 내가 좋아하는 물건을 생각나는 대로 (브레인 라이팅) 낱말이나 그림으로 표현해 보세요.

- 위에 적은 나의 소중한 물건이나 좋아하는 물건 중에서 친구나 가족에게 줄 수 있는 물건과 그 이유를 낱말이나 그림으로 표현해 보세요.

줄 수 있는 물건			
누구에게			
그 이유			

- 친구들과 함께 이야기를 나눠 보세요.

- 가장 기억에 남는 친구의 물건과 그 이유를 말해 보세요.

- 나도 붉은 여우 아저씨처럼 친구나 가족에게 나의 소중한 물건을 나눠줄 수 있어요. 나의 소중한 물건을 친구나 가족에게 나눠준 다음 나의 마음을 '비주얼 씽킹'으로 표현해 보세요.

물건	누구에게	나의 마음
예시)		

- 짝꿍과 함께 '비주얼 씽킹'에 대해 이야기를 나눠 보세요.

- 모둠 친구들과 함께 '비주얼 씽킹'에 대해 이야기를 나눠 보세요.

- 나의 것을 친구에게 나눠줄 때의 마음을 생각하며 '나눔'에 대한 나의 생각을 적어 보세요.

나누는 것은 _____ 이다.
왜냐하면 _____ 이기 때문이다.

짧은 동화책 만들기

내가 그린 '비주얼 씽킹'을 보면서 나만의 짧은 동화책을 만들어 보세요. 붉은 여우 아저씨처럼 내가 나의 소중한 물건을 친구들에게 나눠주는 내용으로 동화책을 만들어 보세요.(그림 4칸보다 더 필요한 친구는 선생님께 말씀드려서 종이를 더 받아서 그려도 좋아요!)

책이 꼼지락꼼지락

김성범 글, 이경국 그림, 미래아이

🏅 초등학교 1학년 교과서 수록도서
🏅 매일경제신문 추천

『책이 꼼지락꼼지락』에서 주인공 범이는 게임 좀 그만하라는 엄마의 잔소리에 마지못해 책을 읽으러 방으로 들어갑니다. 하지만 엄마의 잔소리 때문에 화가 난 범이는 괜히 책을 던지며 화풀이를 합니다. 책을 읽는 대신 책 쌓기 놀이를 하던 범이는 책 속에서 꼼지락꼼지락거리는 책의 주인공들과 만나게 됩니다. 책 속 인물과의 만남이라니! 생각만 해도 신나고 떨립니다.

이 책을 통해 아이들이 책을 읽는 시간이 하기 싫은 공부를 억지로 하는 시간이 아니라 내가 모르는 또 다른 친구를 만날 수 있는 재미있는 시간이라고 생각하길 바랍니다.

독서 활동 만나보기

- 숨은그림찾기
- 질문 만들어 대화하기
- 경험 나누기
- 여러 가지 흉내 내는 말
- 브레인 라이팅
- 등장인물과 전화 인터뷰
- 내가 동화책의 주인공
- 회전목마 토론

숨은그림찾기

저학년 아이들이 좋아하는 숨은그림찾기를 독서 수업에서 활용할 수 있습니

다. 아이들과 함께 읽는 그림책이나 동화책의 삽화를 이용해서 사실 질문을 만들 듯이 숨은그림찾기를 해보면 좋습니다. 책의 다양한 장면을 보여주며 교사가 숨은 그림을 불러주고 아이들이 답을 찾는 과정도 재미있지만 아이들 스스로 숨은그림찾기 문제를 만들고 다른 친구들이 찾아보게 하는 활동은 책에서 좀더 재미있는 요소를 발견할 수 있으며 더불어 문제를 만들기 위해 책을 자세히 관찰하고 살펴보는 역량을 키울 수 있습니다.

질문 만들어 대화하기

앞에서 배운 사실 질문과 상상 질문으로 『책이 꼼지락꼼지락』을 만나 봅니다. 사실 질문과 상상 질문을 만들고 대답하는 활동을 꾸준히 하게 되면 책을 읽을 때 내용을 좀 더 꼼꼼하게 살펴볼 수 있습니다. 사실 질문과 상상 질문을 만드는 방법은 38쪽에 자세히 나와 있습니다.

경험 나누기

책을 읽을 때 나와 비슷한 경험을 한 인물에게 더 마음이 가고 더 쉽게 공감을 하게 됩니다. 책을 안 읽어서 엄마께 혼나는 범이의 모습에서 아이들은 자신의 모습을 발견하게 됩니다. 숙제를 안 해서, 공부를 안 해서, 책을 안 읽어서, 동생과 싸워서, 계속 핸드폰만 해서, 컴퓨터 게임만 해서 등등 다양한 이유로 엄마께 혼이 나는 아이들은 범이가 혼나는 장면에 쉽게 몰입하게 됩니다. 혼났던 경험을 친구들과 함께 나누며 공감도 하고 위로도 해보는 시간입니다.

여러 가지 흉내 내는 말

1~2학년 국어 교과서에는 소리와 모양을 흉내 내는 말과 관련된 단원이 계속

나옵니다. 저학년일수록 소리나 모양을 흉내 내는 말에 재미를 느낍니다. 소리와 모양을 흉내 내는 말을 통해 생동감 있는 언어 표현에 흥미를 느끼고, 일상적인 언어생활에서 흉내 내는 말을 자연스럽게 사용할 수 있습니다. 이번 활동에서는 그림책의 다양한 장면에서 떠오르는 '흉내 내는 말'을 적어 봅니다. 흉내 내는 말을 적어 본 후에는 아이들이 직접 나와 동작을 표현하고 친구들이 맞혀 보는 놀이를 해봅니다. '흉내 내는 말'은 정답이 있는 것이 아니기 때문에 그림과 너무 어울리지 않는 것을 제외하고는 아이들의 다양한 언어 표현을 격려해 줍니다. 흉내 내는 말의 사용 경험을 통해 다양하고 창의적인 언어 표현을 할 수 있도록 합니다.

브레인 라이팅

떠오르는 다양한 아이디어를 글로 써서 표현하는 기법으로 브레인스토밍과 비슷하지만 발언에 소극적인 친구들의 참여까지 이끌어낼 수 있는 활동입니다. 브레인 라이팅에 대한 방법은 81쪽에 자세히 나와 있습니다.

- 예시
① 자기가 읽은 책 중에서 가장 기억에 남는 책 제목을 씁니다.
② 책에서 기억나는 낱말을 생각나는 대로 적어 봅니다.
③ 친구들과 이야기를 나눕니다.
④ 기억나는 낱말 중 3개를 선택해서 짧은 글을 지어 봅니다.

등장인물과 전화 인터뷰

1학년 아이들은 아직 현실 세계와 상상 세계를 혼동하는 시기입니다. 그래서 읽은 책의 내용을 마치 자기가 경험했다는 착각에 빠지기도 하지요. 이런 시기의 아이들에게 등장인물과의 만남은 설레고 떨리는 일입니다. 등장인물 중에서 누구를 만나고 싶은지 선택하는 과정부터 신이 나고 왁자지껄합니다. 내가 만날 등장인물을 정하면 그 인물에게 무엇을 물어보고 싶은지, 하고 싶은 말은 무엇인지 혹시 격려가 필요하지는 않은지 다양한 이야기를 할 수 있도록 교사가 먼저 예시를 들어 줍니다.

- 예시

책 제목	붉은 여우 아저씨
만나고 싶은 등장인물	독수리
하고 싶은 이야기	독수리야, 누가 너한테 자꾸 대머리라고 놀리니? 나한테 말해봐! 내가 다음에 만나면 혼내줄게. 난 네가 하늘을 날아다니는 모습 정말 멋지던데.

내가 동화책의 주인공

책을 읽다 보면 '나도 주인공처럼 살고 싶다'는 생각과 '나는 주인공처럼 이렇게 하지는 말아야지!'라는 생각이 들 때가 있습니다. '내가 동화책의 주인공' 활동에서는 책을 읽기만 하는 수동적 입장에서 벗어나 책의 주인공이 되어 책의 내용을 바꿔가는 능동적인 입장이 되어 봅니다.

활동지에는 백설공주의 장면을 1, 2, 3으로 나누어 책의 내용을 바꿔봤지만 장면 장면을 바꾸기 어려운 1학년은 본인이 선택한 동화책의 한 장면만을 선택해서 이야기의 내용을 바꿔도 좋습니다. 책의 내용을 바꿔 전혀 다른 이야기된 동화책으로 친구들과 이야기해 봅니다.

회전목마 토론

회전목마 토론은 회전목마가 돌 듯이 자리를 이동해가며 자신의 생각을 말하거나 다른 사람의 생각을 듣고 요약하는 방식으로 다른 사람의 의견을 듣고 자신의 생각을 더하는 구조로 되어 있습니다. 모두가 참여하여 동시다발로 하게 되므로 짧은 시간 많은 생각이 오갈 수 있으며, 그러는 사이에 토론의 기본인 말하기와 듣기에 익숙해집니다. 1학년인 경우 친구들의 의견을 들으면서 받아 적기에는 무리가 있기에 친구의 의견을 경청하는 태도에 중점을 두고 진행합니다. 경청하는 태도가 어느 정도 자리잡히면 친구의 이야기에서 중요한 낱말 정도만 적을 수 있도록 합니다.

- 방법

① 자리 배치: 안쪽과 바깥쪽으로 두 개의 원이 생기도록 의자를 배치하여 서로 마주 볼 수 있게 합니다. 안쪽과 바깥쪽 원의 사람 수는 같게 합니다. 홀수인 경우 선생님도 함께 참여합니다.

② 주제에 대한 개인 의견 메모하기: 개인별로 토론 주제에 대한 각자의 의견을 메모지에 적도록 합니다. 활동지에 적어서 활동지를 들고 참여해도 좋고 선생님이 따로 메모지를 주고 적게 해도 좋습니다.

③ 메모한 의견 말하고 듣기: 안쪽 사람은 메모한 것을 보며 자신의 의견을 말합니다. 바깥쪽 사람은 안쪽 사람이 말한 것을 잘 듣고 메모지에 정리합니다. 제한 시간은 2분 정도로 합니다.(1학년인 경우 제한 시간을 좀 더 짧게 합니다)

④ 자리 이동하여 의견 말하고 듣기: 제한 시간이 되면 바깥쪽 사람만 자리를 오른쪽으로 두 칸 이동합니다. 바깥쪽 사람은 이전에 듣고 메모한 내용을 안쪽 사람에게 말합니다. 안쪽 사람이 바깥쪽 사람이 한 말을 듣고 자신의 의견을 더해 바깥쪽 사람에게 말합니다. 바깥쪽 사람은 안쪽 사람의 의견을 메모한 뒤 자리를 이동합니다.(1학년의 경우 안쪽 사람들은 고정되어 있고 바깥쪽 사람들만 옆으로 한 칸씩 이동한 뒤 원의 배치를 바꿔 바깥쪽 사람들이 반대로 한 칸씩 이동하는

등 쉽고 편한 이동 방식을 택해서 활용합니다)
⑤ 서로 자리를 바꾸어 듣고 말하는 활동에 모두 참여할 수 있도록 합니다.
⑥ 의견 정리 후 발표하기: 토론한 내용을 바탕으로 주제에 대한 의견을 정리하고 발표해 봅니다.

• 예시

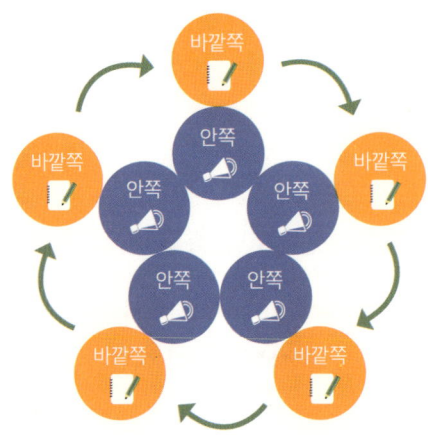

① 파란색 의자와 주황색 의자는 서로 마주 봅니다.
② 안쪽 파란색 의자에 앉는 친구들은 가만히 앉아 있고 바깥 주황색 의자에 앉은 친구들은 정해진 시간이 되면 오른쪽으로 한 칸씩 이동합니다.
③ 이때 파란색 의자에 앉은 친구들은 자신의 의견을 이야기하고 주황색 의자 친구들은 파란색 친구들의 의견을 경청합니다.
④ 한 바퀴를 다 돌면 파란색 의자 친구들은 주황색 의자에, 주황색 의자 친구들은 파란색 의자에 앉아서 다시 회전목마 토론을 시작합니다.
⑤ 토론이 끝난 후에는 친구들의 의견을 다 듣고 난 후의 나의 생각을 정리해 봅니다.

독서 활동 실천하기

숨은그림찾기

- 책으로 할 수 있는 놀이는 참 많아요. 짝꿍과 함께 책의 그림 속에서 숨은 그림을 찾아 동그라미 해보세요.

백설공주, 도깨비, 발 책, 흥부놀부전 책, 알파벳 A, 로봇

- 이번에는 그림을 보며 스스로 숨은그림찾기 놀이를 만들어 보기로 해요. 그림을 보면서 빈칸에 짝꿍이 찾을 수 있는 물건이나 동물 이름, 동화책의 주인공들을 적어 보세요.

- 숨은그림찾기에서 가장 기억에 남는 물건이나 동물, 등장인물을 이야기해 보세요.

질문 만들어 대화하기

예시를 참고하여 질문을 만들어 보세요.

  예시) 사실 질문 : 주인공은 무엇을 하다 엄마에게 혼이 났나요?

   상상 질문 : 어떤 책의 주인공들과 만나고 싶나요?

- 『책이 꼼지락꼼지락』에서 사실 질문 2개를 낱말이나 그림으로 표현해 보세요.

- 『책이 꼼지락꼼지락』에서 상상 질문 2개를 낱말이나 그림으로 표현해 보세요.

질문과 놀아보기

- 짝꿍과 '질문하고 답하기' 활동을 해보세요.

- 모둠 친구들과 '질문하고 답하기' 활동을 해보세요.

- 가장 기억에 남는 친구의 질문과 답을 낱말이나 그림으로 표현해 보세요.

- 전체 친구들과 함께 나누고 싶은 질문을 낱말이나 그림으로 표현해 보세요.

경험 나누기

- 범이는 거실에서 게임을 하다 엄마께 혼이 났어요. 나도 범이처럼 숙제를 하지 않거나 책을 읽지 않고 핸드폰을 보거나 게임을 하다 혼난 적이 있나요? 언제 무엇을 하다 엄마께 혼이 났는지 적어 보세요.

언제	무엇을 하다 혼이 났나요?
예시) 어제 저녁 먹기 전에	핸드폰으로 유튜브 보다가 엄마한테 혼이 났다.

- 범이는 엄마한테 혼이 난 다음에 방에 들어가서 책에 화풀이를 했어요. 나는 엄마한테 혼이 난 다음에 무엇을 했는지 낱말이나 그림으로 표현해 보세요.

- 친구들과 함께 이야기를 나눠 보세요.

- 다음에 엄마한테 혼이 나지 않으려면 어떻게 하는 것이 좋을지 낱말이나 그림으로 표현해 보세요.

여러 가지 흉내 내는 말

- 책이 '꼼지락꼼지락' 거리는 모습을 내가 가진 책으로 따라 해보세요.

- 친구들의 책이 '꼼지락꼼지락' 거리는 모습을 살펴보세요.

- '꼼지락꼼지락'은 흉내 내는 말이에요. 그림을 보고 어울리는 흉내 내는 말을 보기에서 찾아 적어 보세요.

<보기>

살금살금, 우당탕탕, 조심조심, 주룩주룩

그림	흉내 내는 말

- 보기에서 찾아서 잘 적어봤나요? 이제는 그림을 보고 어울리는 흉내 내는 말을 직접 적어 보세요.

그림	흉내 내는 말

- 친구들의 흉내 내는 모습을 보고 흉내 내는 말을 맞혀 보세요.

브레인 라이팅

- 내가 재미있게 읽었던 그림책이나 동화책 중 한 권을 생각해 보세요. 생각난 동화책의 제목을 적고 그 책을 생각했을 때 떠오르는 낱말을 생각나는 대로 (브레인 라이팅) 낱말이나 그림으로 표현해 보세요.

> **예시)** 제목 : 백설공주
> 공주, 왕비, 일곱 난장이, 독이 든 사과, 왕자, 할머니, 관, 머리빗…
>
> 제목 :

- 떠오른 단어로 짝꿍과 함께 이야기해 보세요.

- 떠오른 낱말 중 3개를 골라 짧은 글짓기를 해보세요.

- 내가 만든 짧은 글을 짝꿍과 함께 이야기 나눠 보세요.

등장인물과 전화 인터뷰

- 내가 좋아하는 동화책이나 그림책의 주인공들과 1분 동안 전화 인터뷰를 할 수 있게 되었어요. 무슨 이야기를 함께 하고 싶은지 간단한 낱말로 적어 보세요.

책 제목	
만나고 싶은 등장인물	
하고 싶은 이야기 궁금한 이야기	

책 제목	
만나고 싶은 등장인물	
하고 싶은 이야기 궁금한 이야기	

- 짝꿍의 전화 인터뷰를 살펴보세요.

내가 동화책의 주인공

- 그림책이나 동화책의 주인공으로 하루를 살 수 있다면, 어떤 책의 인물로 살고 싶은지 그 이유와 함께 간단한 낱말로 적어 보세요.

동화책	
인물	
이유	

- 내가 주인공이 된 동화책의 이야기는 원래의 이야기와 내용이 달라질 수 있어요. 어떻게 달라졌는지 예를 보며 나만의 동화책 만들기에 잘 적어 보세요.

예시) 장면 1

백설공주가 왕비에게 속아 독사과를 먹었다.
→ 나는 백설공주가 되어 왕비가 주는 독사과를 먹지 않고 먹은 척한다. 나중에 독사과를 가지고 궁전으로 가서 왕비를 감옥에 집어넣는다.

예시) 장면 2

왕자님의 키스로 깨어나서 결혼을 한다.
→ 나는 이미 궁전에 있어서 왕자님을 만나지 못한다. 대신 왕자님의 나라에 편지를 보내 왕자님과 만나서 결혼을 한다.

- 장면 1

- 장면 2

- 장면 3

- 친구들의 바뀐 동화책을 읽어 보세요.

- 가장 기억에 남는 친구의 동화책과 그 이유를 말해 보세요.

회전목마 토론

주인공은 엄마가 책밖에 모른다고 화가 났어요. 책을 꼭 읽어야 하는지 친구들과 함께 '회전목마 토론'으로 이야기 나눠 보세요.

이야기 주제 : 초등학생은 꼭 책을 읽어야 하는가?

- 책이 좋은 이유를 낱말이나 그림으로 표현해 보세요.

- 책이 싫은 이유를 낱말이나 그림으로 표현해 보세요.

- 책을 꼭 읽어야 하는 이유에 대한 나의 생각을 낱말이나 그림으로 표현해 보세요.

- 나의 생각을 가지고 친구들과 '회전목마 토론'을 해보세요.

- '회전목마 토론'이 끝난 후의 나의 생각을 낱말이나 그림으로 표현해 보세요.

콩 한 알과 송아지

한해숙 글, 김주경 그림, 애플트리테일즈

🏅 초등학교 1학년 교과서 수록도서
🏅 학교도서관사서협의회 추천도서

『콩 한 알과 송아지』는 아버지가 세 딸에게 주는 콩 한 알로 이야기가 시작됩니다. 콩 한 알로 할아버지 생신 선물을 준비하라는 아버지의 말에 세 딸은 제각각 자기의 생각대로 행동합니다. 콩을 그냥 던져 버리는 큰딸, 밭에 묻어버리고 콩이 나오길 바라는 둘째 딸, 콩으로 송아지를 사 온 막내딸까지 각자의 생각대로 행동한 결과를 잘 보여줍니다. 『콩 한 알과 송아지』는 대부분의 옛날이야기처럼 큰딸과 둘째딸이 막내딸을 시기질투하거나 서로 사이가 멀어지면서 끝나지 않고 모두 행복하게 함께 사는 것으로 이야기가 마무리됩니다.

이 책을 통해 똑같은 상황에서 똑같은 물건이 어떻게 달라질 수 있는지, 성공한 누군가를 보고 시기 질투하지 않고 좋은 마음을 본받으며 함께 행복할 수 있음을 느끼길 바라는 마음입니다.

독서 활동 만나보기

- 브레인 라이팅
- 공통점과 차이점 찾기
- 주인공 소개하기
- 질문 만들어 대화하기
- 등장인물의 속마음 상상하기
- 비주얼 씽킹
- 등장인물 소개카드
- 우리나라 전통 의상, 한복

브레인 라이팅

떠오르는 다양한 아이디어를 글로 써서 표현하는 기법으로 브레인스토밍과 비슷하지만 발언에 소극적인 친구들의 참여까지 이끌어낼 수 있는 활동입니다. 브레인 라이팅에 대한 자세한 방법은 81쪽에 자세히 나와 있습니다.

이번 활동부터는 낱말이나 그림이 아닌 짧은 문장이라도 적어 봅니다.

- 예시

① 내가 알고 있는 옛날이야기를 생각나는 대로 적어 봅니다.
② 적은 후에는 모둠 친구들과 함께 이야기를 나눕니다.
③ 내가 알고 있는 옛날이야기에 친구들의 옛날이야기를 더해 봅니다.

공통점과 차이점 찾기

옛날이야기 주인공들의 공통점과 차이점을 찾아봅니다. 1학년에게 공통점과 차이점이라는 용어 자체가 어려울 수 있습니다. '비슷하거나 같은 점 찾기', '다른 점 찾기' 등으로 선생님이 예시를 들면서 공통점과 차이점이라는 용어에 대해 설명하면 아이들이 좀 더 쉽게 이해할 수 있습니다.

- 예시

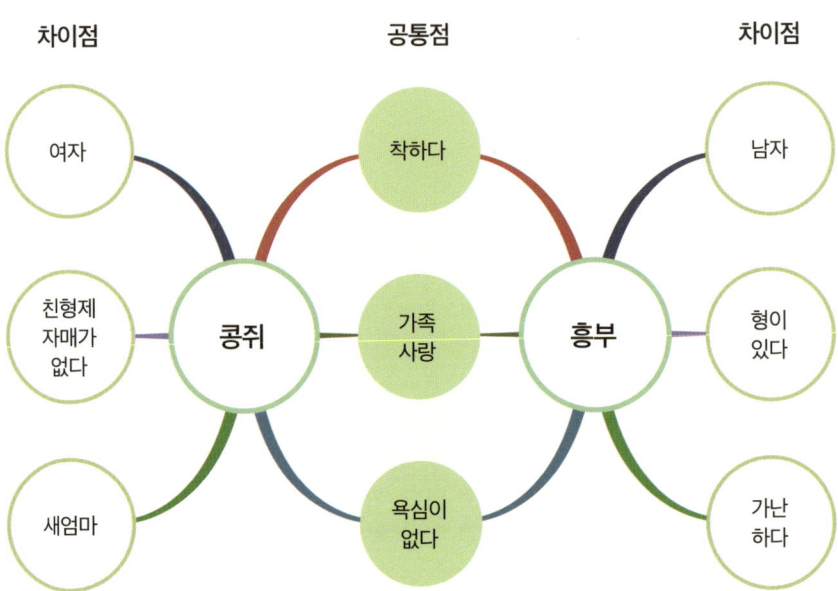

① 1학년 아이들이 옛날이야기 주인공의 공통점과 차이점을 바로 찾아 적기는 힘들기 때문에 선생님, 반 친구들과 충분히 이야기를 나눈 후 적도록 합니다. 이해하기 쉬운 예로 차이점과 공통점을 설명합니다. 우리 반 남자 친구와 여자 친구를 예로 설명해 봅니다. 공통점은 '**초등학교, 1학년, 8살' 등이 있고 차이점은 '남자와 여자, 머리카락 길이, 사는 동네' 등이 있습니다.
② 옛날이야기의 주인공은 많은 학생들이 알고 있는 이야기의 주인공으로 정합니다.

주인공 소개하기

옛날이야기와 옛날이야기의 주인공에 대해 친구들과 충분히 이야기를 나눈 뒤에는 옛날이야기의 주인공을 소개하는 포스터를 만들어 봅니다. 인물을 그리고 인물의 성격, 특징 등을 소개하는 포스터를 만들어서 함께 이야기합니다.

질문 만들어 대화하기

앞에서 배운 사실 질문과 상상 질문으로 『콩 한 알과 송아지』를 만나 봅니다. 사실 질문과 상상 질문을 만들고 대답하는 활동을 꾸준히 하게 되면 책을 읽을 때 내용을 좀 더 꼼꼼하게 살펴볼 수 있습니다. 사실 질문과 상상 질문을 만드는 방법은 38쪽에 자세히 나와 있습니다.

등장인물의 속마음 상상하기

그림책으로 독서 수업을 할 때, 책에 있는 그림으로 다양한 활동을 할 수 있습니다. 우리나라의 전통 옷인 한복을 입고 있는 등장인물들의 그림을 보며 다양한 상상력을 펼쳐봅니다. 아버지가 묻는 말에 아무 말도 못하고 고개를 숙이는 딸의 그림에서 과연 딸의 속마음은 어떨지 생각해 봅니다. 차마 말은 못하지만 속마음으로 어떤 생각을 하고 있을지 말 주머니에 아이들의 다양한 이야기를 담아봅니다. 간혹 동화의 주인공에게 감정이입을 하고 공감하며 주인공의 속마음 대신 자신의 속마음을 이야기하는 친구들도 있습니다. 잘 살펴보면 운 좋게 우리 아이들의 진짜 마음을 들여다볼 수도 있습니다.

비주얼 씽킹

자신의 생각을 글과 이미지 등을 통해 체계화하고 기억력과 이해력을 키우는 시각적 사고 방법입니다. 즉, 생각을 글과 그림으로 표현하고 나누는 것을 말합니다. 비주얼 씽킹 방법은 43쪽에 자세히 나와 있습니다. 예시에는 그림책의 콩 한 알이 어떻게 송아지가 될 수 있는지를 보여 줍니다. 활동에서는 나에게 만약 콩 한 알이 주어진다면 나는 어떻게 할아버지 선물을 준비할지 예시를 잘 보며 비주얼 씽킹으로 표현해 봅니다.

- 예시
- 활동

등장인물 소개카드

『콩 한 알과 송아지』에 등장하는 인물 중 기억에 남는 인물을 선택하고 그 인물의 성격과 특징을 적어 봅니다. 성격은 독서 수업을 한 후 등장인물에게는 느껴지는 생각을 적도록 합니다. 막내딸을 보고 '창의적이다' 라고 느꼈으면 성격에 그렇게 적어 주면 됩니다. 성격을 적은 뒤에는 어떤 부분에서 그렇게 느꼈는지 이야기를 나눠 봅니다.

특징은 '제일 어리다' 라는 외적인 특징부터 '생각을 많이 한다.', '활동적이다' 등 내적인 특징을 구분 없이 적어도 됩니다. 성격과 특징을 다 적은 뒤에는 친구와 서로가 적은 등장인물 소개카드를 공유하면서 내가 느끼지 못했던 부분에 대한 이해와 서로 생각하는 부분이 다름을 이해하게 됩니다.

 같은 등장인물의 소개카드를 적은 친구들끼리 모여 서로가 적은 성격과 특징을 살펴봅니다. 이때 내가 적지 못한 인물의 특징이나 성격이 있으면 소개카드에 첨부해도 좋다고 안내합니다. 완성된 소개카드는 인물별로 칠판에 붙여 읽어 보면 좋습니다.

우리나라 전통 의상 한복

『콩 한 알과 송아지』에는 유독 예쁜 한복이 많이 나옵니다. 이번 활동에서는 우리나라 전통 의상인 한복을 디자인해 봅니다. 한복을 새로 디자인하기 전, 책을 다시 한번 한복 중심으로 살펴봅니다. 다양한 한복의 디자인과 색감을 충분히 살펴본 후 남자 한복과 여자 한복 중에 내가 원하는 한복을 골라서 디자인을 해도 좋고 두 가지 한복을 다 디자인하고 싶은 경우는 두 가지 한복을 다 디자인해도 좋습니다. 디자인한 한복은 게시판에 전시해 봅니다.

독서 활동 실천하기

브레인 라이팅

- 내가 알고 있는 옛날이야기를 '브레인 라이팅' 방법으로 적어 보세요.

- 짝꿍과 함께 서로가 알고 있는 옛날이야기를 나눠 보세요.

- 내가 좋아하는 옛날이야기를 친구들과 나눠 보세요.

- 친구들의 옛날이야기에서 가장 기억에 남는 옛날이야기와 그 이유를 적어 보세요.

- 내가 알고 있는 옛날이야기의 주인공들을 '브레인 라이팅' 방법으로 적어 보세요.

공통점과 차이점 찾기

- 내가 알고 있는 옛날이야기의 주인공 중 2명을 선택해서 공통점과 차이점을 찾아보세요.

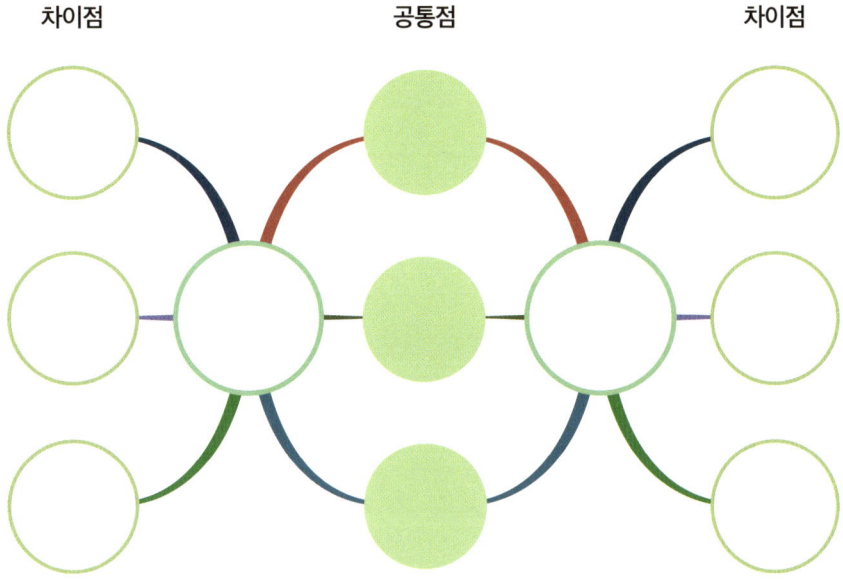

- 친구들이 작성한 공통점과 차이점을 보며 이야기를 나눠 보세요.

- 친구들이 작성한 주인공 중에서 가장 기억에 남는 옛날이야기의 주인공과 그 이유를 적어 보세요.

주인공 소개하기

내가 정리한 옛날이야기의 주인공 중 한 명을 선택해서 소개해 봅니다.

옛날이야기의 인물을 소개합니다.

〔주인공 얼굴〕

• 인물의 이름 :

• 인물이 나오는 옛날이야기 :

• 인물의 성격 :

• 인물에게 하고 싶은 말 :

질문 만들어 대화하기

예시를 참고하여 질문을 만들어 보세요.

　예시) 사실 질문 : 둘째 딸은 콩을 어떻게 했나요?

　　　　상상 질문 : 막내딸의 선물을 받은 할아버지는 어떤 마음 드셨을까요?

- 『콩 한 알과 송아지』에서 사실 질문 2개를 적어 보세요.

　--

　--

- 『콩 한 알과 송아지』에서 상상 질문 2개를 적어 보세요.

　--

　--

질문과 놀아보기

- 짝꿍과 함께 위의 질문과 답을 가지고 이야기를 나눠 보세요.

- 짝꿍을 바꾸어 서로 이야기 나눠 보세요.

- 짝과의 이야기 후, 전체 친구들과 나누고 싶은 질문을 적어 보세요.

　--

　--

- 전체 친구들과 나누고 싶은 질문으로 친구들과 돌아가며 이야기를 해보세요.

등장인물의 속마음 상상하기

- 할아버지의 생신 잔칫날, 아버지는 세 딸을 불러 콩으로 무엇을 했는지 물어봤어요. 큰딸과 둘째 딸 그리고 막내딸은 아버지의 물음에 마음속으로 어떤 생각을 했을까요? 내가 큰딸, 둘째 딸, 막내딸의 입장이 되어 딸들의 마음 속 이야기를 적어 보세요.

큰딸

둘째 딸

막내딸

〔아버지가 큰딸에게 콩으로 무엇을 했는지 물어보는 장면〕

큰딸

둘째 딸

막내딸

〔아버지가 둘째 딸에게 콩으로 무엇을 했는지 물어보는 장면〕

〔막내딸이 조용히 생신 선물로 송아지 한 마리를 끌고 오는 장면〕

- 세 딸들의 속마음을 다 적었으면, 짝꿍과 바꿔서 읽어 보세요.

비주얼 씽킹

- 막내딸은 콩으로 꿩을 잡아 병아리로 바꾸고 병아리를 다시 닭으로 키워 팔아 송아지를 마련했어요. 만약 아빠가 나에게 콩 한 알을 주며 할아버지 선물을 준비하라고 한다면, 어떻게 할아버지의 생신 선물을 준비할지 '비주얼 씽킹'으로 표현해 보세요.

- 짝꿍과 서로가 그린 '비주얼 씽킹'을 살펴보며 이야기를 나눠 보세요.

- 모둠 친구들, 반 친구들의 '비주얼 씽킹'을 살펴보세요.

- 가장 기억에 남는 친구의 '비주얼 씽킹'과 그 이유를 말해 보세요.

등장인물 소개카드

- 『콩 한 알과 송아지』에 나오는 등장인물의 특징이 잘 드러날 수 있도록 등장인물을 소개하는 카드를 작성해 보세요.

예시)

아버지

- 성격

착하다.
호기심이 많다.

- 특징

작은 것도 소중히 여긴다.
아이들에게 문제를 낸다.

- 성격

- 특징

- 성격

- 특징

- 친구들이 적은 등장인물 소개카드를 살펴보세요.

- 나와 같은 등장인물의 소개카드를 만든 친구끼리 만나서 이야기를 나눠 보세요.

- 칠판에 같은 등장인물의 소개카드끼리 모아서 붙이고, 읽어 보세요.

- 『콩 한 알과 송아지』의 등장인물 중 한 인물을 선택해서 격려 쪽지를 써주도록 해요.

우리나라 전통 의상, 한복

- 『콩 한 알과 송아지』에 등장하는 인물들은 우리나라의 전통 의상인 한복을 입고 나옵니다. 예쁜 우리의 한복을 디자인해 보세요.

<남자 한복>

<여자 한복>

- 친구들이 디자인한 한복을 살펴보세요.

- 한복이 아름다운 이유를 적어 보세요.

8

괴물이 나타났다

다니엘 포세트 글, 에르베 르 고프 그림, 비룡소

🏅 뤼에이 말메종 일러스트레이션 상과
브리브라가이야르드 어린이 책 상을 받은
에르베 르 고프 작품

『괴물이 나타났다』는 눈 나쁜 두더지 부인의 두려운 마음에서 생긴 오해가 눈덩이처럼 불어나면서 벌어지는 이야기입니다. 토끼의 말을 오해한 두더지 부인의 말은 꼬리에 꼬리를 물고 점점 다른 말이 되어버립니다. 결국 토끼의 "맛있겠다"라는 말은 마을에 괴물이 나타났다는 말로 와전됩니다. 보지도 않고 자기 생각을 사실로 믿어버린 두더지 부인으로 인해, 그리고 점점 커지는 잘못된 소문으로 인해 한바탕 소동을 겪는 이야기입니다.

이 책을 통해 잘못된 소문은 자신의 두려운 마음에서 시작될 수 있다는 것과 남의 이야기를 전달할 때는 좀 더 신중해야 한다는 것을 알아가길 바라는 마음입니다.

독서 활동 만나보기

- 재미있는 말놀이
- 브레인 라이팅
- 질문 만들어 대화하기
- 제목 짓기
- 괴물의 변화 모습 그리기
- 이야기 전달 놀이

재미있는 말놀이

말놀이는 낱말의 소리와 뜻에 관심을 가지고 재미있게 말놀이를 하는 데 중점을 둡니다. 일상생활에서 쉽게 접할 수 있는 말놀이를 통해 언어적 감수성을 키울 수 있도록 합니다. 모두가 즐겁고 재미있는 말놀이를 하기 위해서는 너무 큰 소리로 친구를 방해하지 않는다는 약속을 정하고 진행합니다.

브레인 라이팅

떠오르는 다양한 아이디어를 글로 써서 표현하는 기법으로 브레인스토밍과 비슷하지만 발언에 소극적인 친구들의 참여까지 이끌어낼 수 있는 활동입니다. 브레인 라이팅 방법은 81쪽에 자세히 나와 있습니다. 이번 활동에서는 꾸며 주는 말을 주제로 브레인 라이팅을 해봅니다. 꾸며 주는 말은 뒤에 오는 말을 꾸며 주어 그 뜻을 자세하게 해주는 말입니다. 흉내 내는 말도 꾸며 주는 말이 될 수 있습니다.

- 예시

① 브레인 라이팅한 꾸며주는 말로 모둠에서 재미있는 말놀이를 해봅니다.

② 활동지에 단어를 적은 후 나의 오른쪽 친구에게 활동지를 건네줍니다.

③ 활동지를 받은 친구는 브레인 라이팅한 꾸며주는 말 중에서 한 낱말을 고르거나 자신이 생각한 꾸며주는 말을 처음 낱말에 덧붙여 봅니다.

④ 그 활동지는 다시 오른쪽 친구에게 건네줍니다. 활동지를 받은 친구는 ③과 같이 활동을 합니다. 모둠으로 해도 좋고 분단으로 한 줄씩 해도 좋습니다.

⑤ 모둠 활동이 끝난 다음에는 나의 활동지에서 가장 기억에 남는 표현을 찾아봅니다.

목이 긴 기린 ← 내가 적기
빨간 목이 긴 기린 ← 오른쪽 친구 ①
빨간 목이 긴 뚱뚱한 기린 ← ①의 오른쪽 친구 ②
빨간 목이 긴 노란 목도리를 한 뚱뚱한 기린 ← ②의 오른쪽 친구 ③

질문 만들어 대화하기

앞에서 배운 사실 질문과 상상 질문으로 『괴물이 나타났다』를 만나 봅니다. 사실 질문과 상상 질문을 만들고 대답하는 활동을 꾸준히 하게 되면 책을 읽을 때 내용을 좀 더 꼼꼼하게 살펴볼 수 있습니다. 사실 질문과 상상 질문을 만드는 방법은 38쪽에 자세히 나와 있습니다.

제목 짓기

작품의 짧은 한 부분을 읽고 제목을 짓는 활동은 글에서의 중심 문장, 주요 내용을 파악하는 활동과 맥락을 같이 합니다. 짧은 글에서 무엇이 가장 강조되고 중요한지 잘 찾아 적어 봅니다. 적은 낱말이 제목에 들어갈 수 있도록 합니다.

하지만 글의 주요 내용을 파악하는 활동이 아직 어려운 1학년은 상상력을 발휘한 자신만의 새로운 제목을 짓는 경우가 종종 있습니다. 상상력을 발휘한 점에 대해서는 충분히 격려를 해주는 것이 좋습니다. 상상 질문과 마찬가지로 짧은 글의 내용과 관련된 창의적인 제목이 나올 수 있도록 유도하며 수업을 진행하면 좋습니다.

괴물의 변화 모습 그리기

제시되어 있는 문장을 잘 읽고 그대로 그려 봅니다. 점점 변화되는 괴물의 모습을 보며 웃음을 참기 어렵지만 끝까지 괴물을 그려 본 후 친구들과 함께 이야기를 나눠 봅니다. 똑같은 문장으로도 이렇게 다양하게 괴물을 그릴 수 있듯이 친구들과의 이야기에서도 내가 의도한 바와 친구가 이해하는 경우가 다르다는 것을 상기시켜 줍니다.

이야기 전달 놀이

한 모둠이나 한 줄을 팀으로 정해 교사가 보여준 그림의 특징을 제대로 전달할 수 있는지 확인해 보는 놀이입니다. 뒤를 돌아보거나 우리 팀에게 답을 알려주는 행동은 나 혼자만 재미있는 행동이기에 하지 않는다는 규칙을 먼저 알려주고 시작합니다. 놀이는 나 혼자만이 아니라 우리 모두가 즐거워야 하며, 그러기 위해서는 어떻게 하는 것이 좋을지 아이들과 이야기를 나눈 후 시작합니다.

- 예시) 한 줄로 진행할 경우

① 맨 앞의 친구들에게 각각 다른 그림을 한 장씩 보여 줍니다.

② 그림을 본 맨 앞의 친구는 두 번째 친구에게 그림에 대해 설명해 줍니다. 두 번째 친구는 세 번째 친구에게 설명합니다.

③ 마지막 친구는 앞의 친구가 말하는 그림의 설명을 듣고 가지고 있던 그림 카드 중에서 하나를 골라 선생님께 제출합니다.

맨 마지막 친구는 뒤집어놓은 상태로 그림 카드를 모두 가지고 있다가 앞 친구의 설명이 끝난 뒤 그림 카드를 보며 선택합니다.

놀이의 결과보다는 처음 내가 하는 말이 그대로 전달되는 것이 얼마나 어려운지 느끼고, 말이 전달되면서 처음과는 다른 말이 될 때 어떻게 대처하는 것이 좋을지, 말을 잘 듣기 위해서는 어떻게 하는 것이 좋은지 이야기를 나눠 보는 후속 활동에 더 의미를 두고 진행합니다.

독서 활동 실천하기

재미있는 말놀이

- 우리가 매일 하는 말에는 좋은 말, 나쁜 말, 재미있는 말 등 여러 말이 있어요. 재미있는 말은 기분을 좋게 만들어 줍니다. 짝꿍과 함께 즐거운 말놀이를 시작해 보기로 해요.

'나'자로 시작되는 낱말	'사'자로 시작되는 낱말

'받침이 없는 1글자' 낱말	'받침이 없는 2글자' 낱말

'동물 소리'	'우리 반 친구들 소리'

- 재미있게 말놀이를 함께 한 짝꿍에게 고마운 마음을 전해 주세요.

브레인 라이팅

말을 하면 할수록 말이 점점 더 커지는 듯한 느낌을 받은 적이 있나요? 말을 친구에게 전달하다 보면 처음 말과는 전혀 다른 말이 될 수도 있어요. 우리도 재미있는 말을 넣어 처음과는 다른 느낌의 말을 만들어 보세요.

- 꾸며주는 말에는 어떤 말이 있는지 짝과 함께 '브레인 라이팅' 기법으로 적어 보세요.

- 아래 예시를 잘 보면서 꾸며주는 말을 붙여 보세요. 내가 먼저 단어를 적은 후, 친구에게 활동지를 넘기면 친구들은 차례로 위에 적은 꾸며주는 말을 참고하거나 직접 만들어서 재미있는 말을 계속 붙여 주세요.

귀가 큰 토끼
귀가 큰 빨간 코 토끼
귀가 크고 눈이 왕방울만한 빨간 코를 가진 토끼
귀가 크고 눈이 왕방울만한 빨간 코를 가진 배가 불룩불룩한 토끼

질문 만들어 대화하기

예시를 참고하여 질문을 만들어 보세요.

> 예시) 사실 질문: 훌쩍 날아올라 멀리멀리 도망친 동물은 누구인가요?
>
> 상상 질문: 토끼는 자신도 모르게 어느새 괴물로 소문이 나버렸어요. 나도 모르게 나에 대한 소문이 나면 어떤 기분이 들까요? 어떻게 행동하는 것이 좋을까요?

- 『괴물이 나타났다』에서 사실 질문 2개를 적어 보세요.

- 『괴물이 나타났다』에서 상상 질문 2개를 적어 보세요.

질문과 놀아보기

- 짝꿍과 '질문하고 답하기' 활동을 해보세요.

- 모둠 친구들과 '질문하고 답하기' 활동을 해보세요.

- 모둠 친구들과 이야기한 후, 우리 반 친구들과 함께 나누고 싶은 질문을 적어 보세요.

- 전체 친구들과 나누고 싶은 질문으로 친구들과 돌아가며 이야기를 해보세요.

제목 짓기

『괴물이 나타났다』의 각 장면의 읽고 가장 어울리는 제목을 지어 보세요.

제목	장면
	두더지 부인은 토끼 씨를 알아볼 수 없었어요. 안경이 없으면 아무것도 보이지 않거든요. 두더지 부인은 겁이 났어요. "누구지? 날 잡아먹는다고? 두더지 살려!"
	개구리 부인, 하마터면 큰일 날 뻔했어요! 우리 밭에 무시무시한 괴물이 나타났지 뭐예요. 귀가 무지 크고 뾰족한데요, 날 잡아먹으려고 했다고요!
	"거위도요? 어이쿠! 이런, 이런, 이걸 어쩌나. 거위 살려!" 거위 선생님은 훌쩍 날아올라 멀리멀리 도망쳐 버렸어요.
	멧돼지 씨, 큰일 났어요. 무시무시한 괴물이 두더지 부인네 밭에 나타났대요. 귀가 뾰족하고 입은 엄청 큰데다 이빨은 칼날처럼 날카롭대요. 게다가 눈으로는 불을 뿜어낸다는군요. 지나가다 걸리는 건 뭐든지 다 잡아먹는대요.

괴물의 변화 모습 그리기

- 처음 두더지 부인이 말한 괴물부터 마지막 멧돼지가 말한 괴물의 모습까지 괴물의 변화 모습을 그림으로 그려 보세요.

귀가 무지 크고 뾰족해요.

귀가 뾰족하고 입은 엄청나게 크다는군요.

귀가 뾰족하고 입은 엄청나게 큰 데다 이빨은 칼날처럼 날카롭대요.

귀가 뾰족하고 입은 엄청나게 큰 데다 이빨은 칼날처럼 날카롭대요.
게다가 눈으로는 불을 뿜어낸다는군요.

- 괴물의 변화가 느껴지나요? 친구들이 그린 괴물의 모습을 살펴보며 이야기를 나눠 보세요.

이야기 전달 놀이

전해 들은 이야기를 다른 친구에게 그대로 전달하기는 어렵습니다. 하지만 원래 이야기에 다른 내용이 덧붙여지면서 안 좋은 일이 많이 생기기도 해요. '이야기 전달 놀이'를 통해 이야기를 잘 전달하기 위해서는 어떻게 하는 것이 좋은지 생각해 보세요. 선생님이 하는 이야기를 잘 들어 보세요.

- 내 이야기가 그대로 잘 전달될 수 있도록 하려면 어떻게 해야 하는 것이 좋은지 '이야기 전달 놀이'를 하기 전에 팀별로 함께 이야기 나눠 보세요.

- 내 이야기가 그대로 잘 전달될 수 있도록 하려면 어떻게 해야 하는 것이 좋은지 '이야기 전달 놀이'를 다 한 후에 팀별로 다시 한번 더 모여 이야기 나눠 보세요.

- '이야기 전달 놀이'가 끝난 후의 나의 생각을 적어 보세요.

엠마가 학교에 갔어요

수지 모건스턴 글, 세브린 코르디에 그림, 비룡소

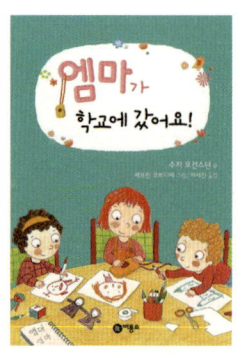

톰텐 상, 크로너스 상,
밀드레드 L. 배첼더 상을 수상한
수지 모건스턴의 시리즈

『엠마가 학교에 갔어요』는 학교에 적응하는 1학년 엠마의 이야기를 어린이의 눈높이에서 재미있게 표현했습니다. 아직 학교라는 곳이 낯설고 두려운 1학년은 책의 주인공 엠마가 자기와 같은 1학년이고 자기처럼 학교에 가기 싫어하는 모습에 쉽게 공감합니다. 두렵고 낯선 학교라는 공간에서 엠마가 자신만의 긍정적인 방법으로 학교에 잘 적응하는 모습을 볼 수 있습니다.

이 책을 통해 아직은 낯설고 두려운 공간인 학교에 있게 될 때나 문제를 만나게 될 때 어떻게 해결해나가는 것이 좋은지 다양한 방법을 생각해 보면 좋겠습니다. 1학년 아이들에게 엠마처럼 나만의 문제 해결력이 생기길 바라는 마음입니다.

독서 활동 만나보기

- 생각 그물
- 모둠 문장 만들기 토론
- 질문 만들어 대화하기
- 문제 해결 방법 찾기
- 나만의 보물 가방 그리기
- 상장 만들기

생각 그물

생각 그물은 중심 개념에서부터 관련된 아이디어를 시각적으로 표시해 나가는 활동입니다. 생각 그물을 그리는 방법은 19쪽에 자세히 나와 있습니다.

- 예시

모둠 문장 만들기 토론

모둠 문장 만들기 토론은 모둠 구성원 모두가 한 사람도 빠짐없이 참여하여 모둠 과제를 완성하는 토론입니다. 개인별로 자신의 문장을 완수해야 모둠의 과제를 완수할 수 있기 때문에 구성원 모두가 참여해야 합니다. 또한 개인 문장을 적적하게 배열하기 위해서는 의견을 조율하는 토론과정을 거칩니다. 이를 통해 학생들은 자기 의견의 소중함과 타인의 의견에 대한 존중과 의사소통 기술을 익힐 수 있습니다. 학교에 관한 자신의 생각을 문장으로 만들어 모둠 친구들과 의사소통을 하며 학교에 관한 모둠 문장을 완성해 봅니다.

- 방법

① 모둠 구성 및 주제 발표: 4~6명으로 모둠을 구성하여 주제를 발표합니다.

② 개인 문장 완성하기: 개인별로 포스트잇을 2장씩 줍니다. 주제에 대한 자신의 생각을 그 이유와 함께 각각 포스트잇에 적습니다. 1장의 포스트잇에 1개의 생각과 이유를 적습니다.

예시)

> 학교는 즐거운 곳이다.
> 왜냐하면 친구를 보기 때문이다.

> 학교는 행복한 곳이다.
> 왜냐하면 매일매일 성장하기 때문이다.

③ 모둠 문장 완성: 각자 두 가지 생각을 발표한 후, 모둠 토론을 통해 그중 한 가지를 선택합니다. 선택된 문장들은 모둠 토론을 통해 적절하게 배열합니다. 색지에 각자 자신의 문장을 써서 모둠의 작품을 꾸밉니다.

④ 모둠 작품 발표: 모둠 작품을 학급 전체에게 발표합니다. 활동에 대한 생각을 나눕니다.

- 예시

① 1학년의 경우 포스트잇이나 색지 한 장에 간단하게 자신의 생각과 그 이유를 적을 수 있게 미리 준비를 해주면 좋습니다.
② 예쁜 색지에 적은 생각은 모둠에서 토론을 통해 순서를 정합니다.
③ 순서에 따라 색지를 이어 붙여 모둠 문장으로 만듭니다.

학교는 _____ 이다.
왜냐하면 _____ 이기 때문이다.

질문 만들어 대화하기

앞에서 배운 사실 질문과 상상 질문으로 『엠마가 학교에 갔어요』를 만나 봅니다. 사실 질문과 상상 질문을 만들고 대답하는 활동을 꾸준히 하게 되면 책을 읽을 때 내용을 좀 더 꼼꼼하게 살펴볼 수 있습니다. 사실 질문과 상상 질문을 만드는 방법은 38쪽에 자세히 나와 있습니다.

문제 해결 방법 찾기

나에게 버거운 문제는 아무리 생각하고 또 생각해도 해결 방법이 쉽게 떠오르지 않을 때가 많습니다. 하지만 한 걸음 떨어져 문제를 바라보면 생각보다 쉽게 문제가 해결되는 경우가 많습니다. 아이들도 마찬가지입니다. 나에게 너무나 큰 문제라 해결이 어려울 경우 혼자 끙끙 앓는 것보다 친구들에게 도움을 요청하면 좋습니다. 서로 문제를 해결하는 과정에서 의견을 나누고 조율하며 문제해결력을 키울 수 있습니다. 민주주의의 시민성은 서로 의견을 나누고 조율하는 과정에서 시작됩니다. 우리 아이들이 서로 의견을 나누며 공감하고 조율하는 역량을 자연스럽게 습득할 수 있도록 자치 회의나 의견 나누는 시간을 꾸준히 갖는 것이 좋습니다.

- 방법

① 문제 해결 방법 찾기는 모둠 활동이나 전체 활동으로 진행합니다.
② 모둠 활동으로 진행할 경우 모둠 내에서 모둠원끼리 순서를 정합니다.
③ 각자 활동지에 자신의 속상하거나 힘든 일을 적은 뒤 다음 친구에게 활동지를 넘겨 줍니다.
④ 순서에 따라 차례대로 문제 해결 방법을 적어 줍니다.
※ 전체 활동으로 진행할 경우 힘든 일을 적은 뒤 책상에 올려놓고 반 아이들이 모두 일어나서 돌아다니면서 자신만의 문제 해결 방법을 적어 줍니다.

- 예시

나의 속상하거나 슬픈 일 : 엄마가 동생만 이뻐해서 속상해.
친구들의 문제 해결 :
모둠 1번 친구 → 엄마께 왜 그러는지 물어봐.
모둠 2번 친구 → 동생이 무슨 행동을 하나 잘 살펴봐.
모둠 3번 친구 → 엄마께 속상한 점을 말해.

나만의 보물 가방 그리기

나만의 보물 가방에 넣는 보물을 그리는 것을 보면 아이들이 어떤 물건에 애착을 가지고 있는지 알 수 있습니다. 왜 이 물건을 보물 가방에 넣었는지에 대한 이야기를 통해 아이들의 마음을 조금 더 이해할 수 있습니다.

상장 만들기

주인공 엠마는 학교 가기가 두려운 아이입니다. 하지만 엠마는 엄마, 아빠와 떨어져야 하는 두려움을 극복하고 친구와도 잘 지내며 학교생활에 적응해 갑니다. 1학년 친구들은 엠마를 보며 자기의 모습을 떠올립니다. 학교생활에 잘 적응한 엠마에게 상장을 주며 대리만족을 느껴 봅니다.

엠마에게 상장을 준 뒤에는 학교생활을 열심히 잘하고 있는 나 자신에게도 멋진 상장을 만들어서 주도록 합니다. 상장 문구를 작성하기 위해서는 자신의 강점이나 장점을 알고 있으면 도움이 됩니다. 상장 문구를 작성하는 것이 어려운 친구는 다른 친구들에게 나의 장점이나 잘하는 것에 대해 물어본 뒤에 문구를 만들어도 좋습니다. 또는 다 같이 원으로 앉아서 교사가 한 명씩 번갈아 가며 이름을 불러주고 서로 장점을 이야기하는 시간을 갖고 난 이후에 상장 문구를 만들면 좀 더 쉽게 작성할 수 있습니다.

독서 활동 실천하기

생각 그물

- '학교' 하면 떠오르는 생각을 생각 그물로 적어 보세요.

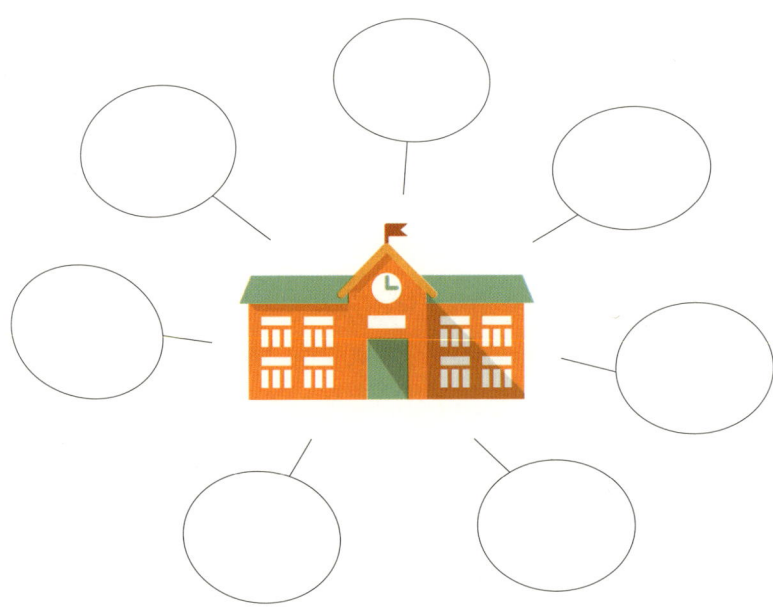

- 생각 그물에서 3개의 낱말을 선택해서 짧은 글을 써보세요.

  예시) 친구: 학교에 오면 친구가 많아서 좋다.

  　　　　선생님: 우리 선생님은 친절하시다.

모둠 문장 만들기 토론

- 친구들의 학교에 관한 짧은 글을 살펴보세요.

- 내가 적은 글과 친구들의 글을 참고하여 '학교'라는 제목으로 글을 써보세요.

- 학교에 대한 나의 생각을 정리해서 적어 보세요.

  학교는 _____ 이다.
  왜냐하면 _____ 이기 때문이다.

- 친구들과 학교에 대한 생각을 나눠 보세요.

- 모둠 친구들의 의견을 모아서 하나의 완성된 작품을 만들어 보기로 해요. 위에 적은 '학교'에 관한 나의 생각을 예쁜 색지에 옮겨 적어요.

- 모둠 친구들과 이야기를 통해 순서를 정하고 색지에 붙여 모둠 작품으로 완성해 보세요.

질문 만들어 대화하기

예시를 참고하여 질문을 만들어 보세요.

> **예시)** 사실 질문: 엠마가 마음에 든 남자 친구의 이름은 무엇인가요?
>
> 상상 질문: 엠마는 엄마가 보고 싶어서 학교에 가기 싫었어요. 학교에서 엄마가 보고 싶을 때 어떻게 하면 좋을까요?

- 『엠마가 학교에 갔어요』에서 사실 질문 2개를 적어 보세요.

- 『엠마가 학교에 갔어요』에서 상상 질문 2개를 적어 보세요.

질문과 놀아보기

- 짝꿍과 '질문하고 답하기' 활동을 해보세요.

- 모둠 친구들과 '질문하고 답하기' 활동을 해보세요.

- 모둠 친구들과 이야기한 후, 우리 반 친구들과 함께 나누고 싶은 질문을 적어 보세요.

- 전체 친구들과 나누고 싶은 질문으로 친구들과 돌아가며 이야기를 해보세요.

문제 해결 방법 찾기

- 오늘 만난 책 『엠마가 학교에 갔어요』에서 엠마는 엄마, 아빠와 함께 있을 수 없어 너무 슬프다고 했어요. 하지만 곧 엄마, 아빠와 하루 종일 함께 있을 수 있는 방법을 찾았지요. 엠마처럼 우리도 속상하거나 슬픈 일을 적어 보고 친구들에게 도움을 요청해 보세요.

예시) 엄마 아빠와 함께 있을 수 없어서 학교 가는 것이 너무 슬퍼요.
→ 엄마, 아빠라고 쓴 종이를 보물 가방에 넣어서 항상 함께 다니면 돼요.

나의 속상하거나 슬픈 일 :
친구들의 문제 해결 :

- 가장 좋은 해결 방법과 그 이유를 적어 보세요.

- 다른 친구들의 고민과 해결 방법을 살펴보세요.

나만의 보물 가방 그리기

엠마는 어딜 가나 가지고 다니는 보물 가방이 있어요. 여러분도 예시에서 보물 가방을 하나 선택한 후, 여러분의 보물 가방을 그리고 가방 속에 여러분만의 보물을 가득 채워 보세요.

예시)

- 나의 보물 가방에 넣고 싶은 것을 적어 보세요.

- 친구들의 보물 가방에 들어갈 물건을 살펴보고 가장 기억에 남는 물건과 그 이유를 적어 보세요.

- 나만의 보물 가방을 그리고 가방 속에 나만의 보물을 채워 보세요.

- 친구들의 보물 가방을 살펴보세요.

상장 만들기

- 엠마는 이제 학교에 즐거운 마음으로 다닐 수 있게 되었어요. 씩씩한 엠마에게 줄 상장을 만들어 보세요.

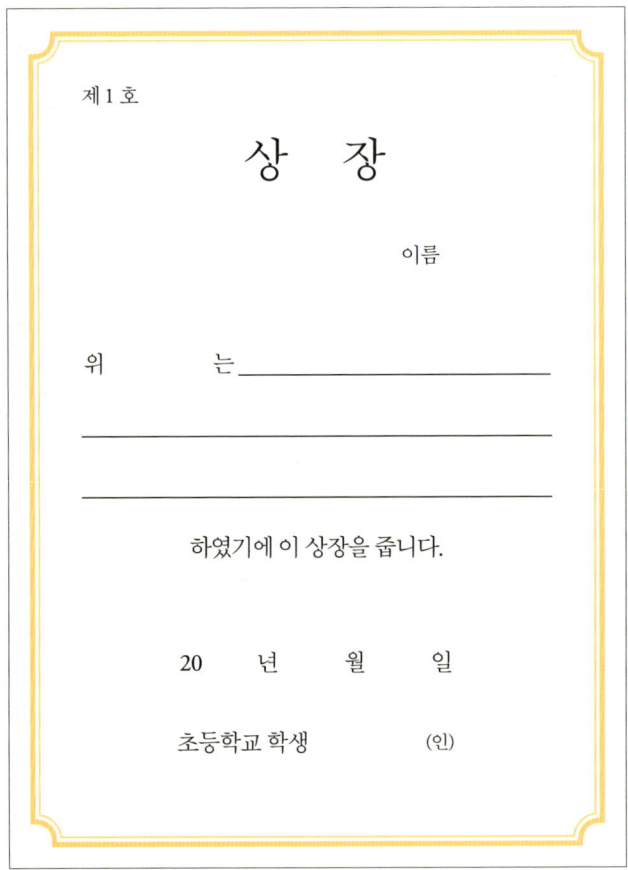

- 엠마에게 상장을 주는 나의 마음은 어떤가요? 나의 마음을 적어 보세요.

- 엠마에게 상장을 주었나요? 이번에는 학교생활을 열심히 하는 나 자신에게도 상장을 주도록 해요! 나를 스스로 칭찬하는 멋진 상장을 만들어 보세요. 나의 장점을 친구들에게 물어 보고 상장을 만들어도 좋아요.

제 1 호

상   장

이름

위   는 _____

_____

_____

하였기에 이 상장을 줍니다.

20   년   월   일

초등학교 학생   (인)

- 친구들과 서로의 상장을 보며 이야기를 나눠 보세요.

할머니, 어디 가요?
쑥 뜯으러 간다!

조혜란 글·그림, 보리

🏅 어린이도서연구회 권장도서
🏅 어린이도서연구회 선정
　어린이, 청소년 추천도서

　『할머니, 어디 가요? 쑥 뜯으러 간다!』는 일곱 살 옥이와 옥이 할머니의 신나는 시골살이 이야기입니다. 봄날에 맛난 반찬, 귀한 반찬 하러 들로 산으로 냇가로 뛰어다니는 일곱 살 옥이와 옥이 할머니 이야기는 보기만 해도 신나고 재미있습니다. 요즘 아이들이 잘 모르는 봄나물의 이름과 봄나물을 이용한 다양한 요리 이야기를 읽으며 수업 내내 먹거리에 대한 즐거운 상상을 하게 합니다. 쑥개떡, 엄나무 순, 고사리나물에 얽힌 엉뚱하고 재미있는 옥이와 할머니의 봄 이야기가 따뜻하고 신나는 책입니다.
　이 책을 통해 봄날에 대한 호기심을 듬뿍 느끼며 사계절의 변화와 자연이 주는 선물에 고마운 마음을 갖길 바랍니다.

독서 활동 만나보기

- 브레인 라이팅
- '봄' 시 쓰기
- '봄' 그림 그리기
- 초성 놀이
- 질문 만들어 대화하기
- 장터에 물건 팔기
- '나만의 봄 요리' 레시피
- 써클맵

브레인 라이팅

떠오르는 다양한 아이디어를 글로 써서 표현하는 기법으로 브레인스토밍과 비슷하지만 발언에 소극적인 친구들의 참여까지 이끌어낼 수 있는 활동입니다. 브레인 라이팅 방법은 81쪽에 자세히 나와 있습니다.

- 예시

① '봄' 하면 떠오르는 낱말을 적어 봅니다.
② 친구와 같은 낱말에는 동그라미를 칩니다.
③ 내게 없는 낱말은 추가해서 적습니다.
④ 동그라미 친 낱말로 봄에 대한 짧은 글을 적어 봅니다.

'봄' 시 쓰기

봄에 대한 생각을 브레인 라이팅으로 적고 봄에 대한 생각과 느낌을 충분히 나눈 후 나만의 '봄' 관련 시를 써봅니다. 1학년은 시의 즐거움을 느끼는 것이 목적이므로 문법적으로 접근하지 않도록 합니다. 자신의 느낌을 시로 표현하며 즐겁게 경험하는 것에 중점을 둡니다.

- 예시

> 봄과 관련된 낱말 : 개구리, 황사, 곰, 겨울잠, 벚꽃, 개나리
>
> **봄은 우리 엄마**
>
> 개구리도 겨울잠을
> 좀 더 자고 싶다고
>
> 곰도 겨울잠을
> 좀 더 자고 싶다고
> 아무리 말해도
>
> 봄은
> 우리 엄마가
> 아침에 나를 깨우는 것처럼
>
> 겨울잠을 자는
> 동물들을 깨운다.

'봄' 그림 그리기

봄으로 브레인 라이팅을 하고 시까지 쓰며 봄을 충분히 느낀 다음, 봄 그림을 그려 봅니다. 아이들에게 바로 봄을 그리라고 하면 어려워하지만, 봄과 관련해서 충분한 이야기를 나눈 뒤에는 내가 생각하는 나만의 봄 그림을 어렵지 않게 그릴 수 있습니다. 개구리에 초점을 맞춰 봄을 그리는 아이, 겨울잠을 자는 동물에 맞춰 봄을 그리는 아이, 개나리와 진달래 등 봄꽃에 맞춰 봄을 그리는 아이 등 아이들의 다양하고 창의적인 표현을 볼 수 있습니다. 편안하게 자기가 느끼는 봄

을 표현할 수 있도록 합니다.

초성 놀이

초성 놀이는 아이들에게 호기심과 기대감을 갖게 합니다. 책 제목을 맞히거나 학습 목표에서 중요한 단어를 맞힐 때 자주 하는 놀이입니다. 책을 다 읽은 후 기억나는 단어로 초성 놀이를 하면 문제를 만드는 친구도, 답을 맞히는 친구도 모두 책을 좀 더 꼼꼼하게 읽습니다. 초성 놀이에 익숙하지 않는 1학년 아이들과 할 때는 우선 교사가 전체 아이들과 함께 문제를 맞혀보는 활동을 시범적으로 보여준 뒤 스스로 만들 수 있도록 해주면 좋습니다. 다 맞힌 초성 낱말을 활용하여 짝꿍끼리 빙고 놀이를 하면 더 즐겁고 편안하게 독서 수업이 될 수 있습니다.

- 예시

① 교사가 먼저 칠판에 'ㅇㅇ'이라고 쓰고 무슨 글자인지 반 아이들과 맞히는 놀이를 합니다.

② 『할머니, 어디 가요? 쑥 뜯으러 간다!』에서 많이 나오는 낱말이라고 힌트를 주며 정답을 유도합니다.

③ 몇 개의 문제를 다 같이 풀어서 초성 놀이에 익숙해지면 각자가 초성 놀이 문제를 만들어 봅니다.

질문 만들어 대화하기

앞에서 배운 사실 질문과 상상 질문으로 『할머니, 어디 가요? 쑥 뜯으러 간다!』를 만나 봅니다. 사실 질문과 상상 질문을 만들고 대답하는 활동을 꾸준히 하게 되면 책을 읽을 때 내용을 좀 더 꼼꼼하게 살펴볼 수 있습니다. 사실 질문과 상상 질문을 만드는 방법은 38쪽에 자세히 나와 있습니다.

장터에 물건 팔기

아이들은 물건을 파는 알뜰 시장을 정말 좋아합니다. 만약 할머니와 정말로 오일장에 가서 물건을 판다면 그것만큼 신나고 재미있는 경험은 없을 겁니다. 하지만 시장에 가서 물건을 파는 것은 현실적으로 어려우니 만약 내가 오일장에서 물건을 판다는 상상 속에서 내가 팔고 싶은 물건과 그 이유를 적어 봅니다. 상상 속에서 물건을 팔고 샀다면, 이제 우리 반 알뜰 시장을 통해 직접 물건을 사고 팔아 봅니다. 가져오고 싶은 물건과 물건 가격은 집에서 부모님과 상의한 후 활동지에 적어 옵니다. 즐겁게 알뜰시장을 마친 다음에는 활동을 되돌아보며 활동지 질문에 답을 적어 봅니다.

- 예시

팔고 싶은 물건
엄마랑 만든 도넛
이유
시골 장터에서 먹는 간식은 맛있기 때문이다.

'나만의 봄 요리' 레시피

『할머니, 어디 가요? 쑥 뜯으러 간다!』에는 다양한 봄 음식이 등장합니다. 음식을 만드는 과정을 보며 학교나 가정에서 봄 음식 하나 만들어 보는 것도 좋습니다. 먼저 책에서 마음에 들거나 먹고 싶은 요리의 레시피를 따라 쓰는 활동을 한 후 나만의 레시피를 만들어 봅니다. 초등학교 1학년에게 따라 쓰기는 중요한 활동입니다. 손의 근육을 활용함으로써 손의 힘을 기를 수 있다는 신체적 장점 말고도 글을 따라 쓰며 글의 내용을 한 번 더 살펴보게 되어 글의 받침 등을 꼼꼼하게 확인할 수 있기 때문입니다.『할머니, 어디 가요? 쑥 뜯으러 간다!』에 나오는 것처럼 꼭 삶고 볶는 요리가 아니더라도 봄꽃 카나페, 봄꽃 꼬마김밥, 봄나물 무침 등 아이들이 쉽게 할 수 있는 요리를 레시피로 적어 보고 함께 만들어 보면 좋습니다. 미리 가정에서 한번 살펴보고 와서 레시피를 작성하면 더 좋습니다.

써클맵

어떤 주제에 대한 개념을 생각이나 경험을 바탕으로 정의하는 방법입니다. 함께 경험을 나누며 이야기를 공유하는 것이 중요하기 때문에 맞고 틀리고의 개념으로 접근하지 않도록 합니다. 이번 활동에서는 어린이날을 주제로 하여 자신의 생각을 적고 모둠 친구들과 나눠 보는 데 의미를 둡니다. 써클맵 방법은 85쪽에 자세히 나와 있습니다.

- 예시

① 1학년의 경우 써클맵의 틀을 그리다가 시간이 다 지나가는 경우가 많기 때문에 미리 교사가 큰 종이에 적어서 나눠 주거나 B4 종이에 프린트해서 나눠주면 효과적입니다.

② 모둠에서 '어린이날'이라는 주제를 적고 기억에 남는 어린이날에 대해 이야기를 합니다.

"나는 어린이날이 제일 좋아.", "나는 어린이날 엄마한테 혼났어."

③ 모둠 중 한 명이 사회자 역할을 하며 각각의 주제에 대해 이야기를 나누고 각자 자신의 이야기를 낱말로 적어 봅니다.

"어린이날 뭐하고 싶어?"에 대한 이야기를 나누며 중요한 낱말을 적습니다.

"어린이날 뭐가 제일 먹고 싶어?", "어린이날 받고 싶은 선물은?"에 대한 이야기를 나누며 중요한 낱말을 적습니다.
④ 우리 모둠에서 적은 내용을 살펴봅니다. 가장 기억에 남는 낱말에 색칠을 해도 좋습니다.

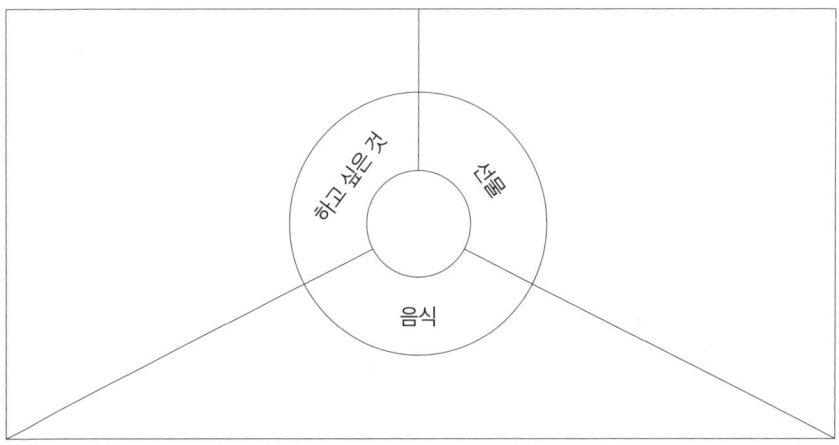

독서 활동 실천하기

브레인 라이팅

- 봄은 새싹이 움트고 개구리가 겨울잠에서 깨어나는 희망찬 계절이에요. '봄' 하면 떠오르는 것을 생각나는 대로 (브레인 라이팅) 적어 보세요.

- 친구들이 적은 내용을 살펴보며 같은 낱말에는 동그라미를 쳐주세요. 나에게 없는 내용은 추가해서 적어도 좋아요.

- 동그라미 친 낱말을 적어 보세요.

- 동그라미 친 낱말로 봄에 대한 짧은 글을 적어 보세요.

'봄' 시 쓰기

- 앞에서 적은 글을 중심으로 봄과 관련된 시를 지어 보세요.

- 친구들의 시를 읽어 보세요.

- 가장 기억에 남는 친구의 시와 그 이유를 적어 보세요.

'봄' 그림 그리기
- 나의 시 내용이 잘 표현되도록 '봄' 그림을 그려 보세요.

초성 놀이

『할머니 어디 가요? 쑥 뜯으러 간다!』에서 기억나는 낱말로 초성 놀이를 해보세요.

예시) ㅆㄱㄸ → 쑥개떡

ㅎㅁㄴ → 할머니

- 기억나는 낱말의 초성을 5개 적고, 짝과 바꿔서 문제를 풀어 보세요.

① _____

② _____

③ _____

④ _____

⑤ _____

- 짝꿍과 함께 서로 적은 낱말의 초성을 가지고 빙고 놀이를 해보세요. 10개의 낱말 중에서 9개를 적어 3*3 빙고 칸을 채우세요.

질문 만들어 대화하기

예시를 참고하여 질문을 만들어 보세요.

> **예시)** 사실 질문 : 옥이와 할머니는 무슨 가게 옆에서 쑥개떡을 팔았나요?
>
> 상상 질문 : 할머니가 모으신 꿀병 속 돈으로 무엇을 하면 좋을까요?

- 『할머니 어디 가요? 쑥 뜯으러 간다!』에서 사실 질문 2개를 적어 보세요.

- 『할머니 어디 가요? 쑥 뜯으러 간다!』에서 상상 질문 2개를 적어 보세요.

질문과 놀아보기

- 짝꿍과 함께 위의 질문과 답을 가지고 이야기를 나눠 보세요.

- 짝꿍을 바꾸어 서로 이야기 나눠 보세요.

- 짝과의 이야기 후, 전체 친구들과 함께 나누고 싶은 질문을 적어 보세요.

- 전체 친구들과 나누고 싶은 질문으로 친구들과 돌아가며 이야기를 해보세요.

장터에 물건 팔기

- 옥이는 할머니와 시골 장터에 가서 여러 물건을 팔았어요. 만약 여러분이 옥이처럼 할머니와 함께 장터에 가서 물건을 판다면, 어떤 물건을 팔고 싶은지 그림으로 그려 보세요. 그 물건을 팔고 싶은 이유를 적고 친구들과 함께 이야기를 나눠 보세요.

팔고 싶은 물건
이유

- 친구들이 팔고 싶은 물건을 살펴본 후, 사고 싶은 물건과 그 이유를 적어 보세요.

- 우리도 옥이처럼 우리 반 알뜰시장에서 물건을 팔아 보아요. 내가 팔고 싶은 물건을 적고 가격도 함께 적어 주세요. 단, 물건 가격은 3,000원을 넘지 않아요.

내가 팔 물건	가격	내가 팔 물건	가격

- 우리 반 알뜰시장에서 내가 제일 잘 판 물건과 제일 잘 산 물건을 적어 보세요.

- 우리 반 알뜰시장을 마치고 나의 느낌과 생각을 적어 보세요.

'나만의 봄 음식' 레시피

- 봄에는 다양한 봄나물을 활용한 음식을 해 먹을 수 있어요. 책에서 쑥을 활용한 음식인 쑥전, 쑥버무리, 쑥된장국, 쑥개떡 중 내가 먹고 싶은 음식 한 가지를 선택해 재료와 요리법을 따라서 써보세요.

_____

재료 :

만드는 방법 :

①

②

③

④

그림

• 앞의 레시피를 참고해서 '나만의 봄 음식'을 레시피를 작성해 보세요.

_____

재료 :

만드는 방법 :

①

②

③

④

그림

• 친구들의 레시피를 살펴보세요.

• 친구들의 레시피 중 가장 먹고 싶은 음식과 그 이유를 적어 보세요.

써클맵

- 옥이는 어린이날 할머니께 비눗방울 놀이를 선물 받고 지게 소년, 순이 언니, 정심이 언니와 신나게 놀았어요. 이제까지 내가 받은 어린이날 선물 중 가장 기억에 남는 선물과 그 이유를 적어 보세요.

- 여러분이 어린이날 하고 싶은 것, 받고 싶은 선물, 음식 등을 '써클맵'으로 정리해 보세요.

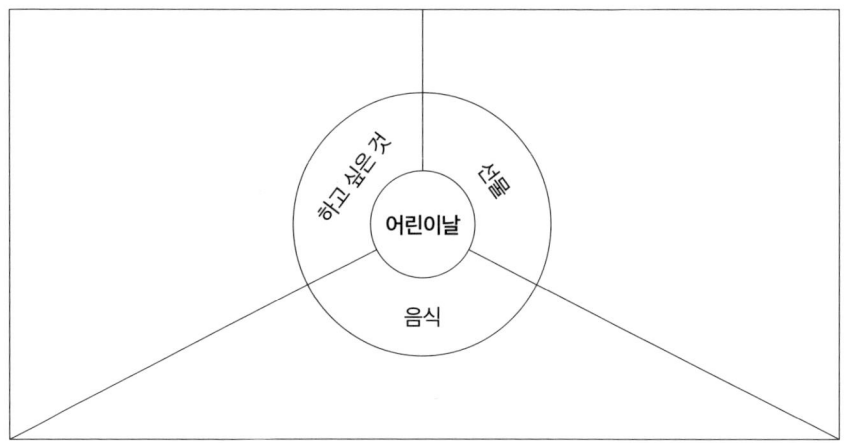

- 내가 어린이날 받고 싶은 선물과 그 이유를 적어 보세요.

- 내가 어린이날 하고 싶은 것과 그 이유를 적어 보세요.

- 내가 어린이날 먹고 싶은 음식과 그 이유를 적어 보세요.

- 친구들과 써클맵으로 서로의 이야기를 나눠 보세요.

- 친구들과 이야기를 나눈 후 나에게 어린이날은 어떤 의미인지 한 문장으로 정리해 보세요.

  나에게 어린이날은 _____ 이다.
  왜냐하면 _____ 이기 때문이다.

내 배가 하얀 이유

구마다 이사무 글·그림, 문학동네

초등 사서 교사 추천도서

『내 배가 하얀 이유』는 제목에서부터 궁금증을 불러일으키는 책입니다. 친구들과의 약속을 잘 어기는 톰이 왜 하얀 배가 되었는지 호기심이 생깁니다. "그게 있잖아. 할 일이 좀 많아서……." 진땀을 흘리며 아무리 변명을 해도, 매번 약속을 어기는 톰의 변명을 친구들은 더 이상 들어주지 않지요. 친구들이 톰의 곁을 떠난 후에야 톰은 친구와의 약속이 왜 소중한지, 약속을 어겼을 때 친구의 마음이 어떠했을지 이해합니다. 스스로 약속의 소중함을 알아가는 과정을 통해 성장해가는 톰의 모습이 대견스럽고 뿌듯합니다.

이 책을 통해 왜 약속을 지켜야 하는지, 내가 약속을 안 지킬 때의 친구 마음은 어떤지 생각해보는 시간이 되길 바라는 마음입니다.

독서 활동 만나보기

- 비주얼 씽킹
- 모둠 문장 만들기 토론
- 질문 만들어 대화하기
- 약속 두 가지 정하기
- 인터뷰하기
- 편지 쓰기

비주얼 씽킹

자신의 생각을 글과 이미지 등을 통해 체계화하고 기억력과 이해력을 키우는 시각적 사고 방법입니다. 즉, 생각을 글과 그림으로 표현하고 나누는 것을 말합니다. 비주얼 씽킹 방법은 43쪽에 자세히 나와 있습니다.

늦잠을 잔 이유	늦게까지 텔레비전을 봤다.
나의 마음	

- 예시

① 늦잠을 잔 이유를 적습니다.
② 늦잠을 잤을 때의 나의 마음을 글이나 이미지로 표현합니다.

모둠 문장 만들기 토론

 모둠 문장 만들기 토론은 모둠 구성원 모두가 한 사람도 빠짐없이 참여하여 모둠 과제를 완성하는 토론입니다. 개인별로 자신의 문장을 완수해야 모둠의 과제를 완수할 수 있기 때문에 구성원 모두가 참여해야 합니다. 모둠 문장 만들기 토론 방법은 168쪽에 자세히 나와 있습니다.

- 예시

> 약속은 ___소중하다.___
> 왜냐하면 ___내가 한 말___ 이기 때문이다.

약속

4모둠

약속은 소중하다.
왜냐하면 내가 한 말이기 때문이다.

약속은 보석이다.
왜냐하면 소중하기 때문이다.

약속은 돌덩이다.
왜냐하면 단단하게 지켜야 하기 때문이다.

질문 만들어 대화하기

앞에서 배운 사실 질문과 상상 질문으로 『내 배가 하얀 이유』를 만나 봅니다. 사실 질문과 상상 질문을 만들고 대답하는 활동을 꾸준히 하게 되면 책을 읽을 때 내용을 좀 더 꼼꼼하게 살펴볼 수 있습니다. 사실 질문과 상상 질문을 만드는 방법은 38쪽에 자세히 나와 있습니다.

약속 두 가지 정하기

외부에서 정한 약속이나 규칙은 내재적 동기가 생기지 않아 꾸준히 지키기가 쉽지 않습니다. 반대로 내가 정한 약속이나 규칙은 스스로 지키고자 하는 마음이 큽니다. 따라서 약속이나 규칙을 정할 때는 내재적 동기를 불러일으키는 것이 중요합니다.

약속이나 규칙이 정해지면 어떻게 지켜야 하는지에 대한 구체적인 방법에 대해 이야기를 나눕니다. 1학년은 약속을 지키기 위해 구체적으로 어떻게 하는 것이 좋은지 잘 모르기 때문에 친구들이나 선생님의 도움을 받는 것이 좋습니다. '나와의 약속' 활동을 다 한 후 8절지의 반이나 A4 용지의 반을 잘라 '나와의 약속'을 적은 후 게시판에 전시합니다. 게시판 전시는 아이들이 스스로 자신의 약속을 확인할 수 있어 약속을 지키는 데 도움이 됩니다.

- 예시

예시) 공부 시간에 조용히 하기
소곤소곤 말하기
손들고 말하기
쉬는 시간에 말하기

① '공부 시간에 조용히 하기'는 우리 반 약속입니다.
② 소곤소곤 말하기, 손들고 말하기, 쉬는 시간에 말하기 등은 약속을 지키기 위한 구체적인 방법입니다.
③ 약속과 구체적인 방법은 교사와 전체 아이들이 함께 이야기를 나눠 본 후 개인적으로 활동하게 합니다.
"공부 시간에 조용히 하려면 어떻게 해야 하지?"라고 교사가 발문하고 아이들의 답을 구체적인 방법에 적습니다.

인터뷰하기

인터뷰를 하게 되면 그 인물에 대해 좀 더 고민하고 관찰하게 됩니다. 이전까지의 활동 초점이 약속을 어긴 톰의 잘못에 맞춰져 있었다면 인터뷰하기 활동은 왜 톰이 약속을 어겼는지에 초점을 맞추어 좀 더 객관적으로 톰을 볼 수 있습니다. 또, 톰의 입장에서 질문에 대한 대답을 찾다 보면 왜 약속에 늦을 수밖에 없었는지 톰의 감정에 이해하게 되면서 공감과 역지사지를 직접 체험해볼 수 있습니다.

편지쓰기

독서 수업을 다 끝마친 후, 주인공 톰의 배가 왜 하얗게 될 수밖에 없었는지 알게 되면서 톰의 마음을 이해하게 됩니다. 친구에게 나의 마음을 전달하는 방법은 많이 있지만, 그중에서 손편지를 통해 나의 마음을 전달하는 연습은 또 다른 측면에서 의미가 있습니다. 교과서에 나온 편지 쓰는 순서에 맞게 짧지만 순서를 지키면서 편지를 쓸 수 있도록 지도합니다.

받는이	톰에게
첫인사	안녕 톰!
자기소개	나는 ** 초등학교에 다니는 김미소라고 해.
하고 싶은 말 궁금한 점	약속을 어긴 것은 잘못이었지만 그래도 마지막까지 약속을 지키려고 노력한 모습은 너무 멋졌어! 그래도 위험한 행동은 하지마! 이제부터 약속 꼭 지키고! 알았지?
끝인사	항상 건강하고 행복해!
날짜와 보내는 이	20☆☆. 4. 5. 서울에서 김미소가

> 독서 활동 실천하기

비주얼 씽킹

- 학교를 다니면서도 늦잠을 자는 경우가 종종 있어요. 내가 늦잠을 자는 이유를 적어 보세요.

- 늦잠을 잤을 때의 나의 마음을 '비주얼 씽킹'으로 표현해 보세요.

예시)

늦잠을 잔 이유	늦게까지 텔레비전을 봤다.
나의 마음	

늦잠을 잔 이유	
나의 마음	

모둠 문장 만들기 토론

- 가족이나 친구와 한 약속을 지키지 못한 경험을 적어 보세요.

  예시) 엄마와 밥을 잘 먹기로 약속했다. 하지만 내가 싫어하는 반찬이 나와서 밥을 잘 안 먹었다. 약속을 잘 지키지 못해서 엄마한테 혼났다.

- 친구들과 약속을 지키지 못한 경험을 함께 이야기 나눠 보세요.

- 약속을 지켜야 하는지 또는 지키지 않아도 되는지에 대한 나의 생각과 그 이유를 적어 보세요.

- 약속에 대한 나의 생각을 정리해서 적어 보세요.

  약속은 _____ 이다.(한다.)
  왜냐하면 _____ 이기 때문이다.

- 친구들과 약속에 대한 생각을 나눠 보세요.

- 모둠 친구들의 의견을 모아서 하나의 완성된 작품을 만들어 보기로 해요. 위에 적은 '약속' 관한 나의 생각을 예쁜 색지에 옮겨 적어요.

- 모둠 친구들과 순서를 정한 뒤 색지를 붙여 모둠 작품을 완성해 보세요.

질문 만들어 대화하기

예시를 참고하여 질문을 만들어 보세요.

> **예시)** 사실 질문: 톰이 늦지 않았다면 어떻게 되었을까?
>
> 상상 질문: 친구가 약속을 어기면 어떤 기분이 들까요?

- 『내 배가 하얀 이유』에서 사실 질문 2개를 적어 보세요.

- 『내 배가 하얀 이유』에서 상상 질문 2개를 적어 보세요.

질문과 놀아보기

- 짝꿍과 '질문하고 답하기' 활동을 해보세요.

- 모둠 친구들과 '질문하고 답하기' 활동을 해보세요.

- 모둠 친구들과 이야기한 후, 우리 반 친구들과 함께 나누고 싶은 질문을 적어 보세요.

- 전체 친구들과 나누고 싶은 질문으로 친구들과 돌아가며 이야기를 해보세요.

약속 두 가지 정하기

- 가족, 친구들과 함께 즐겁게 생활하기 위해서는 약속이 필요해요. 나와의 약속, 친구들과의 약속, 가족과의 약속 등 많은 약속이 있어요. 1학년이 된 내가 지키고 싶은 '나와의 약속' 두 가지를 적어 보세요.

  예시) 나는 일주일에 하루만 게임을 할 것이다.

- 친구들과 '나와의 약속'에 대해 이야기를 나눠 보세요. 그리고 그중에서 가장 기억에 남는 친구의 약속을 적어 보세요.

- 약속을 지키기 위해서는 구체적인 계획과 여러 친구나 가족들의 도움도 필요해요. 내가 지키고 싶은 약속을 적고 친구들의 도움을 받아 보세요. 친구들이 내가 약속을 지킬 수 있도록 계획과 도움을 줄 수 있어요.

예시) 받아쓰기 시험을 100점 맞을 것이다.
시험 보기 전날에 두 번씩 써보면 좋아.
어려운 단어는 따로 표시를 해놓고 계속 외우면 좋아.
평소 책을 많이 읽으면 도움이 될 수 있어.

나의 약속 1)

나의 약속 2)

- 가장 기억에 남는 친구의 도움과 그 이유를 적어 보세요.

- 나의 약속을 지키겠다는 다짐을 적어 보세요.

나는 나의 약속

_____ 과

_____ 을

지키기 위해 노력하겠습니다.

이름 :   서명 :

인터뷰하기

- 오늘은 톰이 기자들과 인터뷰를 하는 날이에요. 내가 기자가 되어서 톰에게 할 질문을 적어 보세요.

	인터뷰할 질문

- 인터뷰 질문을 다 만들었으면 '짝꿍과 인터뷰하기' 활동을 해보세요. 짝꿍과 번갈아 기자와 톰 역할을 하며 질문하고 답을 합니다. 톰의 마음으로 질문에 대답하세요.

톰의 대답

- 이번에는 톰의 친구 중 한 명에게 인터뷰를 해보세요. 기자가 되어 톰의 친구에게 할 질문을 적어 보세요.

	인터뷰할 질문

- 인터뷰 질문을 다 만들었으면 '짝꿍과 인터뷰하기' 활동을 해보세요. 번갈아 기자와 친구 역할을 하며 질문하고 답을 합니다. 친구의 마음으로 질문에 대답하세요.

친구의 대답

편지쓰기

『내 배가 하얀 이유』의 주인공 톰에게 편지를 적어 보세요. 편지 쓰는 방법을 확인한 후 써보세요.

받는이	공룡에게
첫인사	안녕 공룡아!
자기소개	나는 공룡 초등학교에 다니는 김미소라고 해.
하고 싶은 말 궁금한 점	나는 네가 달을 100개 먹었을 때 너무 걱정이 되었어. 다음부터는 아프니까 먹지 마.
끝인사	엄마랑 잘 지내고 건강해.
날짜와 보내는 이	20☆☆. 4. 5. ○○에서 김미소가

받는이	
첫인사	
자기소개	
하고 싶은 말 궁금한 점	
끝인사	
날짜와 보내는 이	

노란 양동이

모리야마 미야코 지음, 쓰치다 요시하루 그림, 현암사

🏅 어린이도서연구회 권장도서
🏅 어린이도서연구회 선정
　어린이, 청소년 추천도서

『노란 양동이』는 아기 여우가 외나무다리 근처에서 노란 양동이를 발견한 후의 일주일을 보여주는 책입니다. 양동이가 갖고 싶은 아기 여우는 월요일부터 일요일까지 비가 와도, 햇볕이 뜨겁게 내려 쬐어도 노란 양동이를 챙깁니다. 이제 며칠만 지나며 양동이는 아기 여우의 것이 될 수 있으니까요! 하지만 월요일 아침, 노란 양동이 사라지고 없습니다.

이 책을 통해 나에게 소중한 것을 어떻게 대해야 하는지, 행복은 내가 꼭 물건을 소유해서가 아니라 나에게 소중한 것과 보낸 즐거운 시간 자체일 수 있음을 느끼길 바랍니다.

독서 활동 만나보기

- 육감도 발산법
- 질문 만들어 대화하기
- 나만의 양동이 그리기
- 창문 열기 토의·토론
- 감정 살펴보기
- 비주얼 씽킹
- 뒷이야기 꾸미기

육감도 발산법

감각과 전체적인 느낌으로 주제에 대해 표현하는 방법입니다. 다각적인 측면에서 주제를 바라볼 수 있는 사고 방법으로 다양하고 창의적인 아이디어를 발산하는 데 효과적인 기법입니다.

색	무지개색
맛	달콤한 맛
냄새	빵냄새
소리	웃음소리
촉감	부드러움
전체적인 느낌	즐거운 느낌

- 방법

① 주제를 적습니다.

② 주제를 5가지 감각으로 생각합니다.

③ 오감(색, 냄새, 맛, 소리, 촉감)과 전체적인 느낌으로 정리합니다.

질문 만들어 대화하기

앞에서 배운 사실 질문과 상상 질문으로 『노란 양동이』를 만나 봅니다. 사실 질문과 상상 질문을 만들고 대답하는 활동을 꾸준히 하게 되면 책을 읽을 때 내용을 좀 더 꼼꼼하게 살펴볼 수 있습니다. 사실 질문과 상상 질문을 만드는 방법은 38쪽에 자세히 나와 있습니다.

나만의 양동이 그리기

아기 여우는 노란 양동이로 하고 싶은 것이 무궁무진합니다. 실제로 하지는 못했지만 상상의 나래를 펼치면서 행복해합니다. 우리도 실제 경험하지는 못했지만 상상만으로도 행복하고 기분이 좋아지는 경험을 해본 적이 있습니다. 아이들에게 자신의 노란 양동이에 무엇을 채우고 싶은지, 왜 채우고 싶은지에 대해 이야기를 나눠 봅니다.

창문 열기 토의·토론

창문 열기 토의·토론 방법은 생각이나 의견을 나누고 제안된 의견 중 가장 적절한 의견을 선정하는 데 좋은 기법입니다. 서로의 생각에 대한 차이점을 이해하고 존중할 수 있도록 해주는 장점이 있습니다. 이번 활동에서는 내 것이 아닌 물건을 주웠을 경우에 대해 자신의 생각을 정리하고 친구들과 의견을 나눕니다.

• 방법

① 4명의 모둠원이 자신과 가까운 꼭짓점에서 중앙을 향하여 선을 긋고 중앙에 네모를 그립니다.

② 가장자리 네 부분에 각자의 고유 자리 번호 1, 2, 3, 4 씁니다.

③ 주제를 중앙에 적습니다.

④ 개인적인 의견을 마련할 시간 충분히 갖습니다.

⑤ 돌아가며 의견을 제시하고, 그 의견에 찬성하는 사람의 수에 따라 번호 칸에 적습니다.

⑥ 가장 많은 지지를 받은 의견을 정리하여 발표합니다.

• 예시

① 토론 주제를 확인합니다.

② 돌아가면서 한 명씩 의견을 냅니다.

③ '경찰서에 갖다 준다' 라는 의견에 찬성하는 사람이 2명이면 숫자 2에 '경찰서에 갖다 준다.'를 적습니다. '그냥 갖는다.' 라는 의견에 찬성하는 사람이 1명이면 숫자 1에 '그냥 갖는다.'를 적습니다.

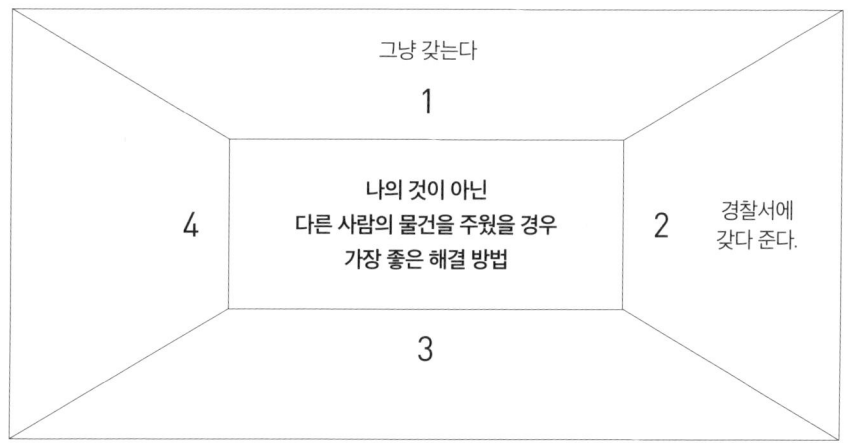

감정 살펴보기

감정이라는 단어가 낯선 아이들과 감정에 대해 이야기를 나눌 때는 감정이라는 단어보다 아이들에게 익숙한 '기분'과 '느낌', '마음' 등으로 시작하는 것이 좋습니다. 하지만 자기 자신의 기분과 느낌, 마음을 표현해 본 경험이 없어 그 조차도 어색할 경우에는 아이들에게 친근한 날씨나 숫자, 좋아하는 캐릭터 등으로 자신의 기분과 마음 등을 표현해 보게 할 수 있습니다. 감정을 확인하는 과정을 통해 아이들은 '지금 여기에 있는 나'를 그대로 직면하고 알아차리는 기회를 가질 수 있습니다. 아이들과 함께 감정을 알아가는 활동과 감정 차트는 41쪽에 자세히 나와 있습니다.

비주얼 씽킹

자신의 생각을 글과 이미지 등을 통해 체계화하고 기억력과 이해력을 키우는 시각적 사고 방법입니다. 즉, 생각을 글과 그림으로 표현하고 나누는 것을 말합니다. 비주얼 씽킹 방법은 43쪽에 자세히 나와 있습니다.

- 예시

아침에 늦게 일어나서 지각한 일	저녁을 많이 먹어 배가 부른 일	주말에 바이올린을 배우기 시작한 일	재미있는 책을 읽은 일
		행복	

① 친구들과 경험에 대한 이야기를 나눕니다.
② 경험을 했을 때의 마음을 이야기하고 감정 단어로 표현해 봅니다.

③ 감정을 글과 이미지로 표현합니다.

뒷이야기 꾸미기

『노란 양동이』는 열린 결말로 이야기가 끝이 납니다. 그 뒤에 아기 여우가 어떻게 지낼지 친구들과 충분히 이야기를 나눌 시간을 줍니다. 이야기를 나누는 과정에서 나의 의견과 친구의 의견이 함께 어우러져 처음 내가 생각했던 결말보다 더 풍성한 뒷이야기를 완성할 수 있습니다. 서로 아이디어를 나누며 자기의 아이디어에 다른 친구의 아이디어를 더해 더 풍성한 이야기를 할 수 있도록 격려해 줍니다.

독서 활동 실천하기

육감도 발산법

- 요즘 내가 정말 가지고 싶은 물건들과 그 이유를 적어 보세요.

  예시) 물고기 책, 몰랑이, 핸드폰, 게임기

  나는 물고기 책을 갖고 싶어요. 우리 집에 있는 물고기 책에는 없는 다른 물고기들도 알고 싶어요.

  나는 몰랑이를 갖고 싶어요. 몰랑이랑 인형 놀이를 하면 재미있어요.

- 친구들과 요즘 가지고 싶은 물건에 대해 이야기를 나눠 보세요.

- 가장 기억에 남는 친구가 가지고 싶은 물건과 그 이유를 적어 보세요.

- 내가 갖고 싶은 물건 중 하나를 '육감도 발산법'으로 살펴보세요.

예시)

인형	색	무지개색
	맛	달콤한 맛
	냄새	달콤한 냄새
	소리	봄날 햇살 소리
	촉감	부드러운
	전체적인 느낌	따뜻한 느낌

내가 갖고 싶은 물건	색	
	맛	
	냄새	
	소리	
	촉감	
	전체적인 느낌	

- 친구들이 정리한 '육감도 발산법'을 살펴보세요.

- 가장 기억에 남는 친구의 육감도 발산법과 그 이유를 적어 보세요.

질문 만들어 대화하기

예시를 참고하여 질문을 만들어 보세요.

예시) 사실 질문 : 아기 여우가 주운 양동이는 무슨 색깔인가요?

상상 질문 : 만약 노란 양동이가 진짜 아기 여우의 것이 되었다면, 아기 여우는 노란 양동이로 무엇을 했을까요?

- 『노란 양동이』에서 사실 질문 2개를 적어 보세요.

- 『노란 양동이』에서 상상 질문 2개를 적어 보세요.

질문과 놀아보기

- 짝꿍과 '질문하고 답하기' 활동을 해보세요.

- 모둠 친구들과 '질문하고 답하기' 활동을 해보세요.

- 모둠 친구들과 이야기한 후, 우리 반 친구들과 함께 나누고 싶은 질문을 적어 보세요.

- 전체 친구들과 나누고 싶은 질문으로 친구들과 돌아가며 이야기를 해보세요.

나만의 양동이 그리기

- 『노란 양동이』의 주인공 아기 여우는 노란 양동이로 하고 싶은 것이 너무 많아요. 『노란 양동이』에 나온 양동이 중 마음에 드는 양동이를 고르세요. 그리고 그 안에 내가 넣고 싶은 것을 가득 채워 그려 주세요.

- 친구들의 양동이를 살펴보며 내 양동이와 친구 양동이에 대해 서로 이야기를 나눠 보세요.

- 가장 기억에 남는 친구의 양동이와 그 이유에 대해 적어 보세요.

창문 열기 토의·토론

- 나의 것이 아닌 물건을 주웠을 경우 어떻게 하는 것이 좋을까요? 나의 생각을 적어 보세요.

- 나의 것이 아닌 물건을 주웠을 경우의 가장 좋은 방법을 찾기 위해 친구들과 '창문 열기' 토론을 해보세요.

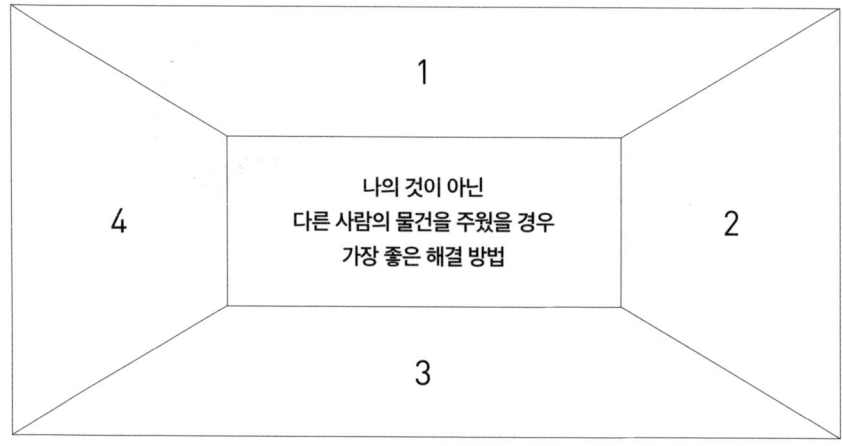

- 우리 모둠에서 나온 가장 좋은 해결 방법을 적어 주세요.

- 주인공 아기 여우에게 따뜻한 격려의 한 마디를 적어 주세요.

감정 살펴보기

- 『노란 양동이』에서 아기 여우가 수요일, 목요일, 금요일, 토요일, 일요일 그리고 월요일에 느꼈을 감정을 아래의 감정 단어에서 찾아 적어 보세요.

요일	아기 여우가 겪는 일	감정 단어
수요일	아기 여우는 냇가에 앉아 낚시하는 흉내를 내고는 빈 양동이에 물고기를 집어넣는 시늉을 했어요.	
목요일	양동이에 물을 가득 길어다 근처 나무뿌리에 정성껏 뿌려 주었어요.	
금요일	아기 여우는 '노란 양동이는 내 것' 제맘대로 노랫말을 지어 흥얼거렸어요.	
토요일	아기 여우는 나무 막대기를 주워다가 양동이 바닥에 '아기 여우 거'라고 이름 쓰는 시늉을 했어요.	
일요일	이제 하룻밤만 자고 나면 아기 여우 것이 되는 거예요. 양동이 안의 물 위로 달님이 떠올랐어요.	
월요일	아침에 달려가 보니, 노란 양동이는 사라지고 없었어요.	

1	긴장되다	7	마음 아프다	13	힘들다
2	슬프다	8	속상하다	14	피곤하다
3	불안하다	9	두근거리다	15	놀라다
4	기대되다	10	걱정되다	16	편하다
5	고맙다	11	즐겁다	17	재미있다
6	아쉽다	12	사이좋다	18	사랑스럽다

- 친구들과 아기 여우가 느낀 감정을 서로 이야기 나눠보세요. 왜 아기 여우가 그런 감정을 느꼈을지 함께 이야기해 보세요.

비주얼 씽킹

주인공 아기 여우의 마음을 비주얼 씽킹으로 표현해 보세요.

예시) 일주일 동안 경험한 여러 가지 일에 대한 선생님 마음

아침에 늦게 일어나서 지각한 일	저녁을 많이 먹어 배가 부른 일	주말에 바이올린을 배우기 시작한 일	재미있는 책을 읽은 일
		행복	

- 예시를 잘 보면서 주인공 아기 여우가 경험한 여러 가지 일에 대한 생각과 느낌을 비주얼 씽킹으로 표현해 보세요.

월요일 아기 여우는 노란 양동이를 발견했어요.	아기 여우는 전부터 이런 양동이를 갖고 싶었어요.	화요일 아기 여우는 양동이만 바라보았어요.	"월요일까지 있으면 좋을 텐데"

- 비주얼 씽킹으로 표현한 아기 여우의 마음이나 느낌을 친구들과 이야기 나눠 보세요.

뒷이야기 꾸미기

- 『노란 양동이』에서 아기 여우는 '아무래도 좋아, 일주일 동안은 아기 여우의 노란 양동이였으니까' 라고 생각하며 이야기가 끝이 납니다. 『노란 양동이』의 뒷이야기를 꾸며 보세요. 친구들과 돌아가며 한 문장씩 이어 말하기를 해보세요.

  예시) ① 민건: 집으로 돌아가는 길에 아기 여우는 저 멀리 노란 색이 반짝거리는 것을 발견합니다.

  ② 민재: 혹시나 하는 기대로 아기 여우는 그곳으로 달려갑니다.

  ① _____
  ② _____
  ③ _____
  ④ _____
  ⑤ _____
  ⑥ _____

- 친구들과 이어서 말한 내용을 정리하여 나만의 『노란 양동이』의 뒷이야기를 적어 보세요.

  _____
  _____
  _____
  _____
  _____

- 나만의 『노란 양동이』의 뒷이야기를 친구들과 서로 번갈아 읽어 보세요.

- 가장 기억에 남은 친구의 뒷이야기와 그 이유를 적어 보세요.

참고 문헌

최숙희(1997). 팥죽 할머니와 호랑이. 보림

배희나(2017). 알사탕. 책읽는곰

서현(2009). 눈물바다. 사계절

권문희(2014). 깜박깜박 도깨비. 사계절

권정샘(1996). 강아지똥. 길벗어린이

송정화(2015). 붉은 여우 아저씨. 시공주니어

김성범(2011). 책이 꼼지락꼼지락. 미래아이

백희나(2016). 이상한 엄마. 책읽는곰

피터 브라운(2015). 선생님은 몬스터. 사계절

수지 모건스턴(2008). 엠마가 학교에 갔어요. 비룡소

다니엘 포세트(2007). 괴물이 나타났다. 비룡소

조혜란(2009). 할머니, 어디 가요? 쑥 뜯으러 간다. 보리

구마다 이사무(2003). 내 배가 하얀 이유. 문학동네

모리야마 미야코(2000). 노란 양동이. 현암사

한해숙(2015). 콩 한 알과 송이지. 애플트리태일즈

정문성(2008). 토의·토론 수업 방법 84. 교육과학사

구정화(2009). 학교 토론 수업의 이해와 실천. 교육과학사

김혜숙 외(2011). 생각을 키우는 토론 레시피. 교육과학사

권재우(2019). 학교자치 스쿨퍼실리테이션. 아이스크림

부산광역시교육청(2017). 토의·토론수업 함께하기. 부산광역시교육청

제인 넬슨(2014). 학급긍정훈육법. 에듀니티

권혁준 외 6인(2017). 동화 수업 레시피. 박이정 출판사

초등독서수업 끝판왕

전6권

학생들에게 있어 독서 능력은 변화하는 미래 세계에 잘 적응하고 대처할 수 있는 기초 체력입니다. 학습의 튼튼한 기초 체력은 꾸준한 독서 습관, 생각하는 힘, 함께하는 즐거운 책 읽기가 어우러질 때 비로소 완성됩니다. 이 책에서 이 3가지 모두를 조화롭게 경험할 수 있습니다.

각 독서협회 및 기관이 선정한 수상 도서와 추천도서 엄선
학년별 특성에 맞는 다양한 활동과 바로 뽑아 쓰는 '독서 활동지'
하브루타, 온 작품 읽기, 한 학기 한 권 읽기 만능 가이드

초등독서수업 끝판왕 · 1학년 | 228쪽 | 15,000원
초등독서수업 끝판왕 · 2학년 | 228쪽 | 15,000원
초등독서수업 끝판왕 · 3학년 | 220쪽 | 15,000원
초등독서수업 끝판왕 · 4학년 | 224쪽 | 15,000원
초등독서수업 끝판왕 · 5학년 | 256쪽 | 16,000원
초등독서수업 끝판왕 · 6학년 | 288쪽 | 17,000원